沈家驹先生 绘

方子春 著

宋苗 摄影

说角儿

生活·讀書·新知 三联书店

Copyright © 2015 by SDX Joint Publishing Company.
All Rights Reserved.

本作品版权由生活·读书·新知三联书店所有。
未经许可，不得翻印。

图书在版编目（CIP）数据

说角儿／方子春著；宋苗摄影．—北京：生活·
读书·新知三联书店，2015.8
ISBN 978-7-108-04769-4

Ⅰ．①说… Ⅱ．①方…②宋… Ⅲ．①电影演员－生平事迹－中国－现代
Ⅳ．① K825.78

中国版本图书馆 CIP 数据核字（2015）第 032203 号

责任编辑	张　荷　王振峰		
装帧设计	康　健		
封面题签	邵华泽		
责任印制	郝德华		
出版发行	**生活·讀書·新知** 三联书店		
	（北京市东城区美术馆东街 22 号 100010）		
网　　址	www.sdxjpc.com		
经　　销	新华书店		
印　　刷	北京隆昌伟业印刷有限公司		
制　　作	北京金舵手世纪图文设计有限公司		
版　　次	2015 年 8 月北京第 1 版		
	2015 年 8 月北京第 1 次印刷		
开　　本	635 毫米 × 965 毫米　1/16　印张 18.25		
字　　数	150 千字　图 105 幅		
印　　数	0,001-8,000 册		
定　　价	38.00 元		

（印装查询：01064002715；邮购查询：01084010542）

清白做人　认真演戏

罗锦麟

三四年前，我在微博上读到子春撰写的关于北京人艺表演艺术家的访谈，兴奋不已。当即打印给老伴拜读，转发给我的弟子们学习。不久，子春突然停止了发博文。正当我遗憾之际，得知她所撰写的博文将汇集为册，书名叫《谁在舞台中央——人艺那些角儿那些事儿》。后来大作传到我手，逐篇阅读，深受感染。这是从业青年最宝贵的学习资料，也让我们回忆起当年的戏剧盛世……子春做了件好事，传承了戏剧人的座右铭：清清白白地演戏，认认真真地做人！

访谈录的形式，让人感到亲切、真实、可信，图文并茂，看到戏剧人的真面目，引发我们许多思考。戏剧人代代相传，实为珍贵。子春没有停步，新作《说角儿》即将问世，值得庆贺！

《说角儿》一书中，收编的不仅有表演艺术家，还有在影视剧中的幕后英雄。影视剧是综合和集体性的艺术，一部成功的作品，凝聚了许多人的劳动和贡献，绝对是集体创作的结晶和劳动成果。每一位创作者都坚守在各自的岗位之上，才得以让观众接受和欣赏。演员是幕前英雄，离不开幕后同行们的支持。

书中的艺术家都是与子春有过接触和共过事的朋友，她本人又是影视和舞台的两栖演员，有很好的表演才能，有朴实自然的笔锋，为人热情亲切。子春思维活跃，更可贵的是有着执著的事业之心和责任之感，促使她继《谁在舞台中央》之后又作《说角儿》一书。两本著作一个主题，一种追求，一个目的……感谢子春的劳作！在撰写中，她有过动摇，有过苦闷，有过难关……在她的大目标的指引下，一切都克服了，终于让《说角儿》和大家见面了。书中记载了二十多位艺术家的事迹和故事。以前，观众只是从演出中了解表演艺术家们的光彩形象，《说角儿》让我们走近艺术家的身边。子春的撰写，尊重事实，不虚构，不夸张，真实地访问，真实地记录，让我们更全面地认识他们，了解他们，学习他们，把影视剧艺术的优良作风传承和发扬光大！

清白做人，认真演戏，让我们共勉！

我曾对她说："你写此书，功德无量！"

在《说角儿》一书面世时，让我对方子春表示祝贺和感谢！并以此小文为此书作"序"。

自 序

我，不是什么名人大腕，也不是什么一线演员。中国像我这样的演员太多太多，能演也能写的更是大有人在，写得好的不胜枚举；但能演能写，还想演想写，对人对事对演戏与记录生活的点点滴滴充满激情的却不多。所以，继我与先生合作的第一本书《谁在舞台中央》（商务印书馆国际有限公司，2012年版）之后，我又在这初春来临之际，伴着料峭中的寒梅，开始了第二本书的写作。

现今，如果人们把演艺圈视为泥塘，我一老妪早已无力挥锹铲泥，挖掉塘中哪怕一小片的污泥浊水。但我愿摘一朵荷花，采几枝莲藕奉献给大家。让人们看到演艺圈中的大多数人是如何工作，如何交往，如何吐露真情的。

我，一个甲子之人，到了耳顺之年，回眸往事，看到自己从舞台到荧屏，从花样年华青春无限到暮鼓晨钟夕阳正红。我走过的路、遇到的人都是那么真实可亲，我要写写他们，写写我们共同的工作与情感。让那些"见过贼吃肉，没见贼挨打"的人们也看看"贼如何吃肉，贼如何挨打"。

我一直有一个心愿，就是让羡慕、关注、喜欢和不喜欢演艺这行当的人们，带着一份好奇心，打开我的书，我要用真情实感告诉大家，世界依然美好！

目　录

清白做人　认真演戏　　1
自　序　　3

永远的老部长——黄河　　1
李丁老师　　12
不败的红梅——姜春阳　　20
我的恩师罗天婵　　28
冤家团长王贵　　37

曹翠芬、谭天谦：清白做人、认真演戏　　54
机会是给有准备的人——李雪健　　63
完美无瑕的潘虹　　73
宋姐春丽　　81
好演员方子哥　　96
我一直称为老师的人——王刚　　110
率真的霸气男人——孙海英　　116

傅彪：好久不见，你还好吗？ 122

功夫不负有心人——钱波 131

不变的赵薇 137

秦海璐：水做的女人 143

陶虹：人淡如菊 151

何晟铭、宋允皓、魏巍——后生可畏 158

夏钢和孟朱：清高与清贫 170

恪守原则的副导演默默 180

风采依旧的伊琳姐 188

扛出来的制作人——刘国华 199

先做人后成事——李瑛和李萍 210

化妆师姚钥 218

谈冷说热 231

又进录音棚 246

用头脑经营人生的胡其鸣 255

絮语 265

后记 283

永远的老部长——黄河

2009年新年刚过,我接到曾同住一室的闺蜜兼战友吴惠敏的电话,她说:"黄河叔叔病重,想你了,咱们是不是去看看他?"我连连称是。想到这些年,韩明达阿姨、刘大为叔叔和肖向云阿姨、管桦叔叔相继驾鹤西去,我再忙也要去看看曾经帮助过我、器重我、宠爱我的黄河叔叔。

那天,我和小吴如约一同前往黄河叔叔的住处。还是那个院子,还是那个楼层,轻按门铃,走进既熟悉又陌生的房门。屋里显得很热很静。我把果篮递给阿姨就先走进客厅,见一位老人穿得很多,盖着毛毯坐在轮椅上。我眼睛滑过,没在意。不,等等,老人的眼神……我,我愣住了!这风烛残年的老人是黄河叔叔吗?这就是那个英姿飒爽、谈笑风生的黄河部长吗?几年前他还……老人扬着消瘦的脸颊,目不转睛地看着我。突然,他哭了,他大声地呜咽着,这孩子般"呜呜,呜呜呜……"的哭声刺痛着我!我泪水夺眶而出,把黄河叔叔的头轻轻揽入怀中哄着他,为已无法说清楚话语的老人拭去泪水,而我却泪如雨下,唏嘘无声。小吴这时也进

老部长黄河。

来了,她逗孩子般夸张地笑着叫着:"黄河伯伯!我看看好点儿了不?"黄河叔叔又哭了,小吴搂着黄河叔叔沧桑的头轻轻摇着,好像怀抱着一个受委屈的孩子。

接近正午的阳光透过玻璃窗射入房中,映出一道长长的光影洒落在素雅的装饰上。我的泪水含在眼眶中越积越多,也许是透过泪水望着阳光处的关系,当年的女兵拥抱着孩童般哭诉不清的老部长,看上去就像七色光下的一尊塑像,此情此景深深地印在我的心里!小吴在这点上比我好,这么多年她一直去看黄河叔叔,而我离上次见他已有几年了。黄河叔叔止住了哭声伸出长长的手指,指指我,指指自己的心窝,指指小吴,指指自己的心窝又要哭。我们连忙哄劝着,他收住了泪水,可我满眶的泪再也存不住,潸然落下。我无心擦拭脸上的泪水,因为它滴落在心上。我静静地握着黄河叔叔干瘦修长的手,望着他那充满情感的眸子,任凭思绪飘移,往日的人和事一一浮现。

一

黄河叔叔比我父亲方琯德小两岁。1937年,他们俩一个奔赴延安,一个在四川江津,同时参加了革命工作。他们初识在抗美援朝期间,一直保持着良好的关系。但平时各忙各的,交往并不多,倒是在"文革"期间,他们有着难忘的相遇。

一日,被看管的父亲推着一车煤渣从史家胡同由西向东走,黄河叔叔被两个人押着从东向西迎面而来。不顾有人监视,他们离老远就大声地打招呼,关切地询问对方的情况,互道保重,在看押人员厉声地催促下才依依不舍地分别了。爸爸推着煤渣继续去劳动,

吴惠敏(左二)、方子春(左五)和空政话剧团的女兵们。

黄河叔叔被押解着去参加自己的批斗会。虽然他们向相反的方向走去，可心贴得更近，步伐更加坚定了。那段时间，黄河叔叔从关押地大雅宝到挨斗的灯市口，必须经过史家胡同，父亲从关押地灯市东口的人艺制景大楼推煤渣到人艺宿舍，也必走史家胡同，他们又遇到过几次，虽然已被严令禁止交谈，却挡不住双方点头示意和用目光相互鼓励。"文革"中，在外调人员面前他们从未乱"咬"或出卖过对方。

"文革"期间，我父亲解放较晚，为了在"政治"上争一口气，本来可以去地方文艺团体的我，一心想进部队文工团。于是在总政宣传部工作的刘大为，找到他的"铁三角"之一的黄河，请已官复原职的黄河叔叔帮我进空政话剧团。黄河叔叔一见我，笑了，先问起我爸的近况，又讲述了他们之间的故事。当听说我是大为叔叔的干女儿时，大呼："不可以！我和你爸认识在先。"黄河叔叔的爱人韩明达阿姨也插话了："那就做我的干女儿吧。"说笑之中，我又多了一个干妈。现在回想，也许是年轻时我的性格热情开朗，傻气之中略带几分乖巧，所以很讨大人们喜爱，干爹干妈特多，有"大众女儿"之势。一年之后，我在众多贵人的帮忙下——上有黄河、李明天，下有王贵、姜春阳、罗棠因、李耀先、吴家璆——终于调干进入了空政话剧团，从此改变了人生。

这声干妈可没白叫，星期天，我常去黄河叔叔家打牙祭。在我眼中，韩明达阿姨真是个极品女人：她不是演员，但比演员还漂亮；不是歌手，唱得不比歌手差；不是厨师，做得一手好饭菜。我从未听见韩阿姨大声说过话，不管我们这些年轻人多闹，她的脸上总是笑眯眯的。记得有一次在黄叔叔家喝罗宋汤，大人孩子十几口人，韩阿姨不紧不慢，像变戏法似的在说笑之中让每人手里都捧上

左起：方子春、李默、韩明达阿姨、黄宝宝。

了大碗的浓汤。这汤浓浓的，红红的，热热的，那种温暖、那种浓香，至今不忘。当年去黄河叔叔家的事回到单位是绝对不敢说的，这要让团里的"左爷爷"、"左奶奶"们知道了，还有我的好果子吃嘛。现在回想起来觉得挺有意思，仿佛看见自己还是那个梳着两条辫子的姑娘。

每当在团里遇到众人簇拥着的黄河部长，我都会让到一边，敬个标准的军礼，大声说："首长好！"黄河叔叔也会亲切地笑着答道："好，好，你的戏我看了，演得不错！"在这一问一答之中，我俩早已会心地用眸子顽皮地打了招呼。

二

黄河叔叔是职业军人，1937年"七七事变"爆发之后就参加了抗日战争，后赴延安进入抗日军政大学。曾经做过随军记者，也从事过文化宣传、作曲、演戏等。我喜欢听黄河叔叔讲那些战争中的故事。他告诉我,当人们听到抗战胜利的消息时,并不是像电影上演的那样,上来就敲锣打鼓扭秧歌,而是抱头痛哭。这泪水十分复杂,有胜利的喜悦,也有对战友的怀念。

黄河叔叔还是一位诗人,风度儒雅,他的诗歌展现了他的情感与风骨。尤其是"文革"期间的诗作,可以看到他那种斗不倒、整不垮的精神,以及鲜明的政治观点与态度。在他们全家被下放到贵州干校时,他写过这样一首诗:

一个孩子的死

黄河

"是死,还是活,这真是一个问题。"
——哈姆雷特

我们中队
一个准"五七"战士,
喝农药死了。
死时
还不满十岁。
死了,
就埋了。

孩子的父母
没敢悲痛,
没敢出声,

因为他们,
属于监督劳动。

那时候,
那年月,
不少人不明不白地死了。
死得那么容易,
死得那么不合逻辑。
不小心
摔碎了伟大的头像,
无意中
念错他的语录,
就死了。
像飘浮的云和烟,
死了,
就拉倒了。

那时候,
人们必须随时
对死还是活,
做出决定。
那时候谁死了,
听到的人,
只敢轻轻"啊"一声,
像听到狗死亡的消息。

黄河书法作品《春华秋实》。

一个不满十岁的孩子，
喝农药死了，
死在"五七"干校
山坡的红土地上。

    他的诗很多，面很广。从抗日对敌到"文革"组诗，从歌颂第一代女飞行员到出国访问的随想，他用笔歌颂着人世间的真善美，用诗句述说心中的喜怒哀乐。记得我父亲去世时，他连夜挥毫写了追悼的诗词，一大早派人送到家中，使我们全家感激不尽。

    我不光喜欢黄河叔叔、刘大为叔叔他们那种为人谦和、没有架子的生活态度，他们那种活到老学到老、从不虚度光阴的精神也让我感触颇深。记得有一次，我跟着他们两对夫妻一起去了"铁三角"之一的管桦叔叔家。在那里，我边吃饭边听大人们天南地北地聊天，很长见识。饭后来到书房，管桦叔叔兴致尚好，提笔为我画了一张墨竹。我只知道管桦叔叔是作家，尤其喜欢他作词的那首歌——《听妈妈讲那过去的事情》，却不知他的竹画得这么好。黄河叔叔看我盯着画不说话，问道："丫头，干爹有了，干妈也有了，要不拜管叔叔当老师跟他学画竹吧。"我一听吓了一跳，我字都写不好，哪敢学画。大概管桦叔叔看我面有难色，赶忙解围道："别难为孩子了，画不画竹不重要，我们学习的是竹的精神。尤其你是干演员的，虽说还没有什么名气，不过今后就算大红大紫了，也要像竹一样，根扎大地，渴饮甘泉，……及凌云处，尚虚心。"那天我们玩得有些晚，但十分尽兴。管桦叔叔的墨竹图我始终保存着，他这段话我受用一生。

三

"子春来了。"黄河叔叔的大女儿黄智子带着与她母亲同样的笑容走了进来，也把我从往事中拉了回来。几十年不见，她还是那么优雅、文静、漂亮，这是我一生中见过的变化最小的人。黄河叔叔对着智子用劲指着我，嘴里发出"嗯，嗯"的声音。智子笑着说道："认识，子春，一眼就看出来啦！"她随手递过纸笔让黄河叔叔写下想说的话。我惊喜地发现，黄河叔叔写字时手不颤，脸上又现出我熟悉的严肃而专注的神情。我拿起他写完的纸一看，泪珠不自觉地又挂在了腮边，纸上的字遒劲有力、字字清晰。他写道："我和你爸爸在'文革'中都是好样的！"垂暮之年，黄河叔叔每逢见到他喜欢的人，每当听到老友的消息，他都会辗转反侧、彻夜不眠。特别是听到刘大为叔叔去世的消息，他放声恸哭，好似逝去的是家中的亲人。

我们与轮椅中的黄河叔叔促膝相对，边聊着黄家姐妹几人的近况，边喂黄河叔叔吃才带来的新鲜草莓。我想起那年和刘大为叔叔、黄河叔叔一起去"老莫"吃饭，黄河叔叔教我吃西餐的规矩；黄河叔叔提到看人艺话剧时的快乐时光，说到高兴处，脸上会露出开心的笑容。提到那些逝去的人们，他会不停地呜咽。时间真快，好像刚刚进门，却已过了黄河叔叔平时吃午饭的时间。我不得不站起来又一次拥抱黄河叔叔，大声地说："没有您的帮助，就没有方子春的今天！"（我感谢每一位在人生道路上帮助过我、拉过我一把的人！）黄河叔叔慈祥地看着我，嘴里努力地嘟囔着："问你妈妈好。"我答应着，走出黄家。我和小吴都哄他说，等他好些就带他出去吃饭。他"呵呵"地笑出声，并在纸上写道："我坚持锻炼，一定会站起来！"多坚强的老人啊，和我那好吃的老爸一样。爸爸那时也坐轮椅了，我答应只要他站起来，我就请他吃胡同口那个要爬楼梯的四川馆子。那里是北京人艺的产业，"文革"中关押过他们，老爸对那儿有感情。于是，爸爸将这当成动力，每天坚持锻炼……此时多么想再看一眼我的黄河叔叔，但泪水使我无法回头。我心里清楚，这也许是我们的最后一面。

果不其然，几个月后，黄河叔叔带着他军人的耿直和文人的书卷气离开了。

四

在这静谧的午后，我重新打开《久远的往事——黄河自述》，黄智子在"后记"中写道："四月，雨后的一天我去看他，告诉他昨夜下雨啦。他突然抬起头来，望着我说：'三月的风，四月的雨，带来五月的花。'跟着，眼泪就流出来了。是呀，三十年风，四十年雨,今年八十六的父亲,终于进入他五月花一样的生命季节了。"

我再一次合上书,任湿润的目光游离至窗外。现在也是五月,夏日的夕阳透过落地窗斜晃着我的双眼,我半眯缝着不思不动,任凭风儿把风铃吹响。我心中响起一片歌声,歌中唱道:五月的鲜花,开遍了原野,鲜花掩盖着志士的鲜血,为了挽救这垂危的民族,他们曾顽强地抗战不歇……

李丁老师

今年老天收人。老年、中年甚至更年轻的同仁走了一个又一个,我也从饰演姑娘走到了饰演老人。

昨天晚上我接到电话,李丁老师走了!我是在李丁老师和他老伴贾九霄阿姨的帮助下,从部队转业特招进了中国儿童艺术剧院的。之后,李丁老师给我排过小品,导过话剧、音乐剧。忘不掉他在电视剧《女人不麻烦》中饰演我父亲的日子;忘不掉在《珍珠翡翠白玉汤》中我饰演他的小妾,他大声反对说:"不要方子春,还是找梁丹妮吧,和子春有乱伦的感觉。"如同自家女儿的我还是饰演了他的小妾,只是他没循惯例与小妾搂搂抱抱,而是一直揪着我的耳朵不停地研究……

李丁老师是个天才型的演员,他的戏总是顺理成章,有着从心里流出来的感觉,同时又让人看到出人意料的处理。在现场,他从来不看剧本,每当你无意间走进他的房间,却看到他手不离本儿,总是在写写划划。那剧本中的字里字面,那个中的含意、潜台词早已刻在心里。拍摄现场不管导演拍哪段,李丁老师永远胸有成竹,

李丁老师是个天才型的演员。

段段出彩,见功夫!他是个冷幽默的人,和他在一起,人们总会时不时地笑出声来,他的风趣与学识是大家说不完的话题。

李丁老师原本不叫李丁。人艺有个叔叔叫丁里,过去也不叫丁里,而姓曹。话说李丁老师风华正茂之时,曾与两位同样向往进步的热血青年奔赴解放区,在过国民党的封锁线时,为安全起见,地下党的同志为过路的每位学生都起了假名字。人过的多了,名字越用越少,看着这三位同学实在想不出好名字来,于是决定盲指报纸,睁眼见到的第一个字为名。谁知,指的这个字竟是个"肉"字,可不能叫李肉、曹肉啊。那年月物价飞涨,年轻人缺肉啊,不能叫"肉"却从肉想到肉丁。"丁"这字好。俩人又打了个赌,输的跟赢的姓。李同学赢了叫李丁,曹同学输了就叫了丁里。多年后李丁成了家喻户晓的表演艺术家,丁里则成了业内响当当的道具师。

李丁夫妇和我父母是同行,也是朋友,我子承父业与李家父子又成了同事。李丁的小儿子李小钢是我院的副院长,儿媳与我同在演艺部,我们在一起时总有一种自己人的感觉。许多时候不用多说彼此就心知肚明,十分默契。

前年我和母亲去看过李丁老师。前几个月贾阿姨还给母亲打过电话说李丁老师情况不好……唉！这人啊就是一口气！昨天知道这个消息我没有和任何人说，更不想告诉妈妈。哥刚给我发了信息，短短的几个字。我还是拿起了笔，写篇文章吧，说说几十年的友谊。我家先生说，最近你老写这种文章，不应把痛苦带给朋友。可老天今年总收人，收对我有恩的人，我不该写写吗？写写对他们的思念，写写我们一起拍戏、一起生活的故事，写写那种一家亲的感觉。然而，篇幅太小，方寸之间写不完那太多太多的有趣之事、深深的感情和受益匪浅的心得体会！

李老师走了。我不知是第几次迈进八宝山了，从这里送走了多少人。因邓夫人卓琳也在今天出殡，李老师被安排在东厅。人们出出进进，看到不少多时不见的熟人。干我们这行的，也许只有到了这儿才这般的严肃凝重。除了悲伤，我心里多了一丝淡定。李丁老师八十有余，此时走完人生路对他来说算寿终正寝，也算久病后的解脱吧。

李丁老师一生坎坷，但人们提到他，首先想到的却是他的幽

《珍珠翡翠白玉汤》剧照（1998年），方子哥饰演刘宝瑞，李丁饰军阀。

默。他的舞台代表作《一仆二主》是几十年前上演的剧目，现在业内提及依然称道，啧啧不已；他的电视剧《人虫》，好哇，人人叫绝！在我眼里，李丁老师是一位喜剧大师，也是一位我尊敬的自家长者。

人去了，忘不掉的却大多是一些生活中的琐碎小事。记得那年我女儿才两岁多，我带她去李丁老师家里玩儿，小丫头让我好生难堪了一回。我在女儿很小的时候就按我母亲教育我的方法教育她：女孩子，嘴不能馋，心不能贪，要自重、自尊、自爱、自立。后几条教诲小人儿她听不懂，但女儿从七八个月大就知道别人的东西不能吃，吃了妈妈（我）要撕嘴。（当然是轻轻的，手高抬声高喊，呵呵，典型的雷声大雨点小，以说教为主嘛。）

那是一个午后，我带她来剧院，平时很少带她来，同事们这个摸一下，那个聊两句，我们在院里就玩儿了半天。来到李丁老师家，我轻叩房门，女儿乖乖地站在身边等待。随着李老师厚实的应答声，门被打开，两岁的小人儿有礼貌地叫人，牵着我的手走进客厅，有模有样地坐定。李叔让我们自己拿放在书桌上的水果吃。孩子这时可能渴了，抬头用眼睛看看我，再说在李叔这儿又不见外，想吃就吃呗。我就微笑地小声对丫头说："爷爷这儿可以吃，去拿吧。""妈妈，梨，你也快吃吧，爷爷家的可以吃。"接着她又把塞着梨的小嘴张得大大的，狠狠地咬了第二口。看着兴奋的女儿，我一边手忙脚乱地为她擦那个闭都闭不拢还不停咀嚼的小嘴和沾满梨汁的小手，一边不好意思地说："你怎么能这样呢？妈妈不吃。""妈妈吃吧！爷爷家的可以吃！"她狼吞虎咽的样子让我甚为难堪，我不好意思地看着李丁老师掩饰着说："这孩子，没出息，家里都有……""你撒谎，没有这个。"女儿大声揭发着。"哈哈，好，你妈撒谎不对。吃吧，爷爷这儿管够。"再看李老师，正慈爱

拍摄电视剧《女人不麻烦》时的合影（2001年）；左起：李丁、包福明、刘昭、方子春、曹翠芬、贾九霄。

地看着放肆的女儿，早已笑弯了眼睛。事儿不大，但我当时的那种尴尬，李老师看着女儿那慈祥的眼神，我总是忘不掉。

  2001年冬天，我们在上海拍电视剧《女人不麻烦》，从北京请了五位演员，李丁饰演父亲，曹翠芬饰演母亲，我饰演大姐，郭冬临饰演二妹夫，还有刘昭老师饰演我家多年的老友。其他角色均由上海演员担任，有严晓频、王一楠、周笑莉等等。我们北京演员住在龙华寺边上的龙华宾馆。曹大姐、刘老师住在楼一侧，我的房间和李丁老师的房间只隔一个拐弯，在另一侧。这戏女性角色多，光是妈加女儿们就五位女演员。拍摄群像戏时，每天早上四点左右我和曹大姐就要起来化妆。我们顶着星光到龙华机场内的求索影视基地化妆间，两个小时后又被送回宾馆等待出发去现场。李老师不用化妆，可以晚些起床，往往这时，他的老伴贾阿姨已走进宾馆对面的小街，又穿过一个小弄堂，把刚出锅的豆浆、油条从早市上买回来了。当然，不用我说，这又胖又大的上海油条里一定有我一根。后来郭冬临也进组了，他住在李丁老师斜对门，白吃白喝的人从一个变成俩，贾阿姨早晨买的油条也从四五根涨到了七八根。有时，赶上和买早点的贾阿姨一同回宾馆，看着她瘦小的身子，大清早要走不近的路，提着那么多东西，真有些不好意思。

一日，我去李老师屋里吃早点，路过冬临屋，照例叩门把熟睡中的他叫醒。因时间太早，又才起床，我们穿得比较随便。大家头也不抬，只顾喝豆浆吃油条。最逗的是，冬临第一次吃戏中老爸的早餐，边说着"有油条！好吃，好吃"，边真诚地问："还有吗？""有！"我们同声回答。好嘛，吃着手上的，惦记着塑料袋里的，怪不得每次贾阿姨总是等我们吃完才吃，是怕我们不够啊。我很快吃完，回房做出发前的准备，一抬头只见房门口那个高半层的栏杆处，有位年轻的妈妈拉着一个俏皮的南方小姑娘，对她说："看，这就是演员，知道吗？"小姑娘一手拉着妈妈，一手扶着栏杆，小腿不停地来回晃着，小眼睛顺着栏杆缝由上向下望着吃早点的我们。我赶忙回身望去，此时穿着棉毛裤大嚼的李老师和郭冬临的形象欠佳。我突然很郁闷，这有什么可看的……虽然房间很热，我还是关上了房门。从此，再热我们也不开门。我们不想一大早就让猎奇的妈妈和她女儿像逛动物园似的，在栏杆外对我们指指点点。然而，我又多么希望有更多的观众看到李老师在拍摄现场那脱俗叫绝的表现。

一次拍夜戏，讲的是失踪几十年的父亲从美国回来了，但到了半夜大家发现父亲是个梦游者。年纪不轻的李丁老师会如何演这场戏，人们都很关注。一是夜色之中看不清，花园小路不平整，李丁老师腿脚不好，要穿拖鞋表现梦游状态，弄不好摔跤就麻烦了。二是人人都想看看老师怎么表现人的梦游状态。天完全黑了，导演包福明先拍了一些我们的镜头。大概十点多，李老师在老伴的陪伴下来到现场。服装师拿来了一件绸睡袍，李丁老师看了看，问还有其他的衣服没有，年轻的服装师摇摇头。李老师想了想说："把我配牛仔装的三角巾拿来。"我心里想，睡袍上的绸带那么滑就够碍事的，三角巾干什么用？我还没想明白，那个红白相间的鲜艳的三角巾已被李老师反戴头顶，又用手在这浆过的棉巾上捏了捏形，一个酷似巴尔扎克笔下的人物诞生了！看着这个形象，在场的每一个人都笑弯了腰，笑出了眼泪……可他一点儿也不笑，一脸认真地站起身做了好几个帅气的动作。大家想想，一个挺着大肚子的胖老头，半夜三更头顶上反系红花三角巾（尖向上立在头顶），衣服外胡乱穿一紫花绸睡袍，两眼发着得意而诡秘的光，两条胳膊和胖手不停地摆着姿式，谁能不佩服他的想象力！一切准备停当，我扶他下楼候场，一路上人见人笑。

开机，开始！只见李老师一反常态，先是两手前伸，一步一步走出楼门，走进空无一人的楼前小花园，随之身体轻盈地摇晃着快速后退。天呀，睡袍的绸带散了，拖在地上，千万别摔着！我提到嗓子眼儿的心还没放下，他又一个直腿转身，好像诈尸一般向前蹦！他的脸上没有一丝表情，眼珠一动不动，每个动作极其连贯。明眼人一看就知道，老师背后用了多少功！当李老师又蹦回楼门，小包导演一声"停"，全院响起一片带笑的掌声。人们从心里为这位喜剧大师叫绝！

这几天我脑子里时不时地出现过去那一件件不起眼的小事——我们在他村里的家中吃馅饼，满大街帮他买松口袜子（老师腿肿），我在宾馆做"北京炸酱面"，乘兴而来的李老师如何败兴而去，还有他如何留恋剧组的盒饭等等，太多太逗的事情说也说不完，件件充满幽默与友情。也许，这就是生活。

　　一生不甘寂寞、怕寂寞的人，去了，身后留下一片笑声！前来送行的人中不乏明星大腕，也不乏一直守候着他的普通观众。我看见剧院的领导和我的同事、业内的前辈、同仁们，人人素面，衣着庄重。李丁老师睡在花丛之中，身着喜庆的粉色中式上衣，脸上的妆与衣服十分相配，画得很细致很柔和。我轻声对老师说，一路走好！

不败的红梅——姜春阳

每个人的人生都是一本书,在这本书中不知有多少跌宕起伏、甜酸苦辣。我们这代人的人生与共和国的成长是分不开的。人似一滴水,随着江河的奔涌,挣扎四溅。

十二岁那年,史无前例的"文革"开始了,不满十六岁的我就去白洋淀插队。除参加生产劳动,还成了基层的文艺骨干。不知县宣传队如何知道我的,一天,我在场院掐谷穗,接到书面通知,让我火速去县里报到。从此,我再也没干过农活,开始马不停蹄地演出。什么都演,唱歌、跳舞、小评剧、小豫剧、报幕、说快板……那时船划到哪儿我们演到哪儿。一群年轻人无比快乐,不知辛苦。我们的歌声随着无边的芦苇和清澈的淀水传得很远很远,天上队队大雁和水中嬉戏的鱼儿也常常顺着歌声在我们船边盘旋、打转。后来,因为我说一口标准的普通话,离开了快乐的县宣传队,任保定地区各种代表队赴省调演的报幕员。一年后,经北京人艺的李光复大哥介绍,进了保定地区文工团。这期间,我就是不把户口迁入保定,因为我是北京人,只要户口在农村,我就是知青,我就有希望回京。

果不其然，趁进京到中国歌舞团学习剧目之机，我偷偷办理了病退，总算回到阔别了近八年的北京。

可是，我千辛万苦回到北京并没感到多么高兴。家是回来了，专业却丢了。那时，我父亲还没有完全解放，想进文艺团体，政审就通不过。我只有先找工作，自己有饭吃才是第一位的。于是，我每日四处奔波，要在知青返城高峰中找到合适的工作难呐，这是我一生中情绪最为低落的时期。

就在我一筹莫展之时，经朋友介绍，我遇到了影响我一生的姜春阳老师，同时还有空政歌舞团转业到二轻局皮革公司的罗棠因老师、吴家璆老师等一批专业水平极高的艺术家。在他们的教导与呵护下，我又一次振作起来，满怀信心地迎接人生中下一个转折。

记得，那是一个午后，我如约来到位于北京珠市口大街的皮革公司。经人带路，七拐八拐地走进低矮的地下室。那里黑黑的，我们小心地迈过一道道门坎，迎面传来一片和声。这声音是那么好听，大有专业合唱的水准。我们没有马上进去，等到他们在指挥下唱完最后一个音符，带路人才轻声对着指挥的背影说："姜老师，有人找您。"指挥转过头来，做收音状的拳头还停在半空，对我们客气地笑一笑，说："等一等。"又回过身对合唱队的同志讲评一番，结束语是："好，今天就到这，大家下去想一想，自己要多练，有什么问题来找我。解散。"为什么我对这段话记得如此清楚呢？因为之后近两年的时间里，我无数次地在姜老师的排练中听到这样的讲评结束语。此时他说完这番话，叫上负责舞蹈队的罗棠因老师，既热情又不失风度、七拐八拐地把我们带出地下室，到公司食堂的一个角落坐下。食堂比地下室宽敞明亮了许多，午后的斜阳柔和地洒落在姜老师身上，我总算看清了眼前这位长者，他也在细细打量我，而罗老师微笑着，基本不说话。

影响我一生的姜春阳老师。

姜老师给我的第一印象是特有威慑力。他有一张五官生动的脸，一双眼睛永远炯炯有神，直视对方，好像要看到你的心里。说话声儿大，笑起来声儿也大，讲起音乐那些事声儿更大。虽然他那时没有了领章帽徽，可军人的素质一点没变，一眼看去就是个军人。那天具体怎么考的我，我忘了，只记得两位老师对我很满意，让我下星期来报到，早上不用去地下室，吃完早饭直接在食堂练功。

不管是不是专业团体，条件如何，我总算没离开这一行。工作有了，回家的路上很兴奋。

姜春阳老师就是歌剧《江姐》的作曲之一。他戎马一生，写过许许多多的歌曲。姜老师1948年参军，有着一副好嗓子，酷爱音乐。从解放东北、平津战役到南下广西剿匪，再到带领宣传队三赴抗美援朝前线，出生入死，锻炼成长为军旅作曲家。他的一生就跟这七个音符打交道，而这些音符又给他带来了无限的快乐。姜老师的军人气质来自他骨子里，有没有领章帽徽，他都是个老兵。我对他的敬佩油然而生。

星期一,我早早起床,打扮一番,蹬上我那白与橘黄相间的小轮盘自行车,在上班的人流中一路穿行,第一个来到单位。上世纪70年代中期,国内物资紧俏,皮革公司和肉联厂有业务关系,所以食堂的伙食不错。尤其是早餐的油饼,街上卖的油饼中间划两刀,我们这的油饼长长的拉三刀,又大、又香、又便宜,比外边的好吃多了。也许肚里没油水,我第一次吃这么大的、热乎乎才出锅的油饼,一口气买了俩,脸冲墙坐着,举起比脸还大的油饼就是狠狠的一大口。"呦,你来啦!看这孩子饿的,慢点吃。还买俩,吃得完吗?"我满嘴鼓着油饼,一只手用根筷子挑着大油饼,一只手里拿着才撕下的一块,回身抬头一看,呦,是姜老师。我说不出话,又咽不下去,特别不好意思,只好把用筷子挑着的油饼伸向姜老师。"我不吃,在家吃过了。别掉了,快坐下吃吧。喝点豆浆,你这孩子真是,骑车来的吧?不歇口气就吃东西,一会儿紧接着练

姜春阳已年过八旬,书桌上总是堆放着正在创作的歌谱,还有来自全国各地的信件。

功,不岔气才怪。"姜老师像老妈妈一样在我身边叨叨着。看着我把满口的油饼咽下去,又喝了两口豆浆,接着问:"那小黄车是你的?记着锁好,别丢了。刚上班,环境还不熟悉,不过没关系,我们宣传队的同志大部分来自各个工厂,工人同志们很朴实,我们多向他们学习,有不懂的多请教。"我收起吃剩的油饼,认真地听着。

早餐过后,开始练功,踢腿、下腰,我卖力地活动着。姜老师不动声色地走到我身边,悄悄地说:"小方,今天点到为止啊,早上吃太多怕有问题。以后少吃点再活动。"说完,姜老师走了,我心里一阵感激,没想到,姜老师的心这么细。

姜老师不光心细,他还是一个对工作、对音乐充满无限热情的人。其实现在回想,姜春阳老师当时从部队文工团下放到皮革公司,也是他人生的低谷时期,可我从未看出他有丝毫心理阴影。他总是忘我地创作,隔几天我们就会有新歌。

我们二轻局宣传队因为有姜老师和罗棠因老师这样的专业人士,很快就成为了北京市文化宫的骨干力量。每次练习时,姜老师总是充满激情。几十年过去了,他那生动的讲解、充满感染力的指挥,依然还在眼前。我问过姜老师:"你为什么总是这么有激情,你这样的作曲家转业不委屈吗?"姜老师十分坦然,给我讲起了他的故事。

他在部队奋斗一生,抚今追昔,谈到战争,讲到故去的战友,姜老师依然不免伤心落泪。

1949年初,在解放天津的战斗中,敌人要在新港登船逃跑,姜老师和战友们趟着地雷追击到海岸。沙滩上,工兵标明地雷位置的小旗,被海风吹得七零八落,许多战友不幸踏雷倒下。就这样,全体官兵还是奋不顾身,勇往直前,抓获了三千多俘虏。

在湖南兴安,当时姜老师是宣传队队长,在路边鼓动宣传。外号"大板儿牙"的三连长经过时还兴致满满地吆喝:"姜队长,来一个……呱唧呱唧。"姜老师回应着:"大板儿牙,你来一个。"不到五分钟,拐到前面一个山弯处,"啪啪"两声枪响,三连长牺牲了。好战友,说牺牲就牺牲了,没了!

1950年在广西剿匪时,崇山村匪首悬赏四百大洋取姜春阳的人头。后据抓获的土匪供述:根据姜老师的下乡路线,四名土匪在牛牯岭埋伏,计划暗杀。因姜老师未按原路线返回,躲过一劫。

谈起这些经历,姜春阳十分感慨,和许许多多同生共死的战友相比,自己的一生是幸运的,他很满足,因此对待后来的大事小情都非常宽容。淡泊所有的名利,享受着生活的幸福。

什么事物都有两面性——好和坏,快和慢,穷和富。对每个人来说,有快乐也有烦恼,多想快乐的事情,对身体才有好处。姜老师觉得,一生的时光是流动有限的,所以一定要选择快乐。尤其是对反对过自己的人,不要计较,他相信历史是公正的。

听完老师一席话,我学会了静心,从此在业务上更加用功。我的业务能力和工作态度,姜老师、吴家琇老师、罗老师和她的爱人——当时空政歌舞团的副团长李耀先老师,他们都看在眼里,觉得我在业余宣传队可惜了。群策群力,众手相托,在大家的共同努力下我三考空政话剧团,历经一年的时间,终于调干进入空政话剧团。穿上军装,不光在政治上为老爸争了口气,自己在事业上也迈出了重要的一步。

我离开了皮革公司,住进了位于灯市口的空政话剧团。姜老师也住这里。我和老师的独生女姜枫是好朋友,只要有时间,我就像回自己家一样,坐在姜家,说说贴心话,吃吃小零食。每当这时,姜老师都像嘱咐女儿一样告诉我如何排戏,如何生活。他是一个那么正直的人,好多话从别人嘴里说出来,就特别假。可出自姜老师

歌剧《江姐》剧照（1964年），富京京饰演杨二嫂、刘素媛饰演狱友、蒋祖缋饰演江姐、杨帼英饰演狱友、刘亚滨饰演孙明霞。

的口，就觉得是正能量。我就在姜老师这些前辈的关怀下逐渐成长。

几十年过去了，再见姜老师，他给我的感觉更加坦荡，也更加令人感动。比如有关歌剧《江姐》的宣传问题，他就特别宽容。

姜老师在我离开二轻局皮革公司不久，也落实政策回到北京空政文工团。因歌剧《江姐》是在空政文工团时创作的，随着他的离开渐渐地宣传少了，甚至不提姜春阳了。就在周围的人替他愤愤不平时，他本人却泰然处之。他讲道："该你的是你的，不自找烦恼，远离名利。"可说起《江姐》的创作，姜老师依然是那么兴奋，充满激情。他告诉我："那时大家都为某个唱段冥思苦想。突然有人冒出第一句，马上有人就会跟上第二句、第三句。其实歌剧中几乎所有正面人物他都参与写了，但你能讲哪个部分是个人的？比如主题曲《红梅赞》，从创作到修改都是由刘亚楼亲自抓的，经过二十多次修改才定稿。那时的人，心思全在创作上，把名利看得很淡。"当时，刘亚楼对歌剧《江姐》的创作，提出了八个字：精雕细琢，打造精品。大家就一心向这个方向努力，其他什么都没想。这就是他们这代人的敬业精神。

　　同一创作组的战友如今早已是将军待遇，唯独姜老师离休早没享受到。对此姜老师很是淡定，想想自己走过的路，想想那些为国捐躯的战友们，对如今的生活他从心里满足。他说："名利身外之物，人活着，感到幸福就好。"谈到家庭生活，姜老师幸福地说："闫肃的孩子和我的女儿她们生的都是双胞胎。"姜老师的两个外孙同时考上了北京大学，好的心态带来好的心情，好的心情带来幸福美满的家庭生活。

　　今年姜春阳老师八十五岁，精力不减当年，还不断地写词谱曲，笔耕不辍。他对音乐、对生活的态度永远是我学习的榜样。看着满面红光的老人，我由衷地祝愿老师永葆安康！

我的恩师罗天婵

罗天婵是中国著名的女中音歌唱家,她演唱的《打起手鼓唱起歌》曾家喻户晓。她也是我的老师,让我感怀至今的老师。

"文革"开始时我才十二岁,十五岁那年我下乡,插队去了白洋淀。十七岁时,一位热心的杨阿姨把我带到罗老师面前,学习声乐。杨阿姨介绍了我的情况,罗老师听了听我的声音,就收下了。后来我才知道,我是女高音她是女中音,而且我要往话剧方面发展,声乐是副课。已经很有名气的罗老师之所以收我为徒,是因为当时我父亲有"历史问题"被打成叛徒受关押,我又是一个人离开家孤单地在白洋淀插队。罗老师同情我,收我为徒,是要拉我一把!

一

老师上课时从不废话,很严厉,下课时则是我的长辈,也是朋友。她家里没钢琴,我们每次都要到中央乐团的琴房去上课,一星期两次。每到上课的日子，我先去老师家吃饭，吃完后把碗一推就走，洗碗的任务全留给干爹。下课后，我们要走一站路回到老师家，干爹从四楼扛下28自行车驮着我到和平里的108路车站，看我坐上了车才回去。寒来暑往，从未间断过。

一日天降大雨，老师正怀着她的第二个孩子，肚子大，行动很不方便了。我看着窗外渐黑的天色和不停的风雨，心想老师今天不会给我上课了，于是就坐进被窝看起书来。回课时，罗老师并没批评我，只是淡淡地说："上次你没来，我穿着雨靴打着伞到传达室等了你四十分钟，以为你出什么事了，否则你会来电话的。哦，我还给你带了一把伞和电筒也没用上。"老师不高的声音，字字烙在我的心上。我低下头一个字也说不出来，那时候我们家没电话，全院的人打电话都要去传达室，那天下雨我懒得趟水，就没去给老师打电话，让老师白等一场，心里愧疚极了。从此，这许多年来，我几乎从不爽约、从不迟到。老师的言传身教，比打骂都管用，让我记了一辈子。什么时候想起这件事，什么时候眼眶都湿湿的。

日子一天天过去，在跟着罗老师学习的两年间，她不光没收过我一分钱，还时常让我在她家吃饭，当然粮票是不给的。她是客家人，外婆每逢过年都要做些广东点心寄到北京来，我定被叫去大饱口福。记得有一次罗老师去天津演出，带回来一些螃蟹，我那时才交男朋友，于是我与现在的先生一起去吃蟹。当我们进门的时候才知道螃蟹不多，每人只能吃一只。罗老师忙前忙后地蒸上留给我们的螃蟹，看着我们吃下肚，笑着说自己吃过了。后来我吃过许许多多螃蟹，但那次的印象最深，它的鲜美至今不忘，不忘的还有老师坐在桌边时的笑容。

可谁能想到，那些年在老师笑容的背后，有着无比的心酸和巨大的政治压力。印象中我从未听老师提到过孩子的外公，只有外婆

恩师罗天婵和我,吃螃蟹的那一年(1980年)。

会时不时来京帮助带孩子。当时在文化部演出处的干爹被下放到电影院后,不懂事的我还挺高兴,因为可以不花钱看电影。我不知道大人心里的苦痛,只知道,要好好上课,考上文工团,靠本事离开插队的地方。后来,从人们的只字片语中渐渐地感到老师的身上似乎有什么秘密。直到最近,我才有机会听二老讲起那让人心痛的往事,而往事一旦刻骨,就无法如烟。

二

1934年,罗天婵老师出生在一个高级知识分子家庭。她是老大,下边还有一个妹妹和一个弟弟。解放前,罗老师的父亲是湖南杨梅山煤矿的总工程师,她从小跟随父亲走南闯北,练就了打死不服输的性格。为躲避日本人,她在家乡梅县读了小学和初中。抗战胜利后她又到过广州、达县、梅县、韶关,在长沙就读周南女中至初三。只要有矿山需要父亲，妈妈就带上他们一同跟随。她时常转学，那些年她见过朝天门的大爆炸，见过从长江上游时不时漂浮而来的尸体，见过难民没吃没喝露宿街头的惨状。这一切给她留下了深刻的印象，也使她更加独立，有着一般女孩没有的坚强。1951年，为了让孩子们更好地读书，母亲带着姐弟三人回到广州，而父亲则留在湖南继续工作。可没想到，高二的某一天，父亲出事了。那天罗老师赶回湖南看父亲，在一个大操场上，父亲被解放军带到操场的一头，她站在操场的另一头，看着变了模样的父亲近在眼前又不得靠近，她哭了。不管解放军是不是正在看着她，她想哭就哭。她有太多的不理解：一个知识分子、总工程师，矿主逃走了，他不走；解放在即，他曾经配合地下党保卫矿山；建国后他公开支持政府，积极承担工作出任副矿长，并主动上交矿上的枪支，丢家舍业地忘我工作。这样的人怎么成反革命了，而且是死罪呢？！从此她学会了独立思考，本来话就不多的她更加不爱说话，不爱哭，不爱表露自己的情感。心里不痛快的时候，想哭的时候，想诉说的时候，她就唱，用歌声抒发内心的感情，表达她的爱恨情仇。

新中国建立之初，在周恩来总理的指示下，成立了我国的专业性乐团——中央乐团。1953年中央乐团到广州招生，罗老师就读的越秀师范学校沸腾了，人人去考试，学校一片歌声。凭借着一副好嗓子、一个能用歌声抒发情感的清纯之音，罗老师脱颖而出。这一年，她十九岁。从此她离开广州，一路北上，开始了她的声乐之路。

一个广东姑娘，背着"家庭出身有问题"的黑锅，只身一人来到北京。那时一切百废待兴，虽然吃不惯面条、窝头，受不了冬季里的寒风刺骨，但是她心里很单纯，很阳光。她和人们一样热爱新中国，一样想看看天安门，一样不放弃任何的学习机会。罗老师永远也忘不了上课的第一天，领导把学员们带到合唱队的排练室，让

罗天婵，摄于云南大理，1962年。

他们坐下来，人手一张歌篇和老同志们一起排练。大家打开歌篇就傻了，根本不识五线谱，听老同志唱合声，也不知怎么张嘴。休息的时候，大家炸开了锅，你一言我一语不知如何是好。于是领导决定，合唱队成立三个学习小组，以老带新大家唱起来。在学员班的两年，罗老师是最快乐、最充实、最忙碌的，她像海绵吸水一样吸取着艺术养分。按照国际惯例，女高音要学习五年，女中音要学习七年，而建国之初急需人才，这个声乐班只有两年时间。学习女高音一年后，林大夫发现她是女中音，于是让她改唱女中音。只学了一年女中音的罗老师就参加演出了。她每日用冲刺的速度行走在路上，从宿舍到食堂，带着饭盆占琴房。艺术是触类旁通的，除了在专业上用功学习，只要有观摩的机会，不论戏的种类如何，舞蹈的风格怎样，无论是西洋或民乐演出，能看的全看，能听的全听。为了学习普通话，她从此不用广东话交流。为了把歌词唱清楚，练好吐字归音，她一个学美声的主动去听大鼓和单弦。至今，几十年过去了，罗老师还会学青年艺术剧院吴雪先生那川味的道白："罗拉呀——，罗拉。"学完之后，我们一同大笑，笑声中我仿佛看到年轻的罗老师与同伴满京城奔跑着、说笑着、充满朝气地奔向各个艺术殿堂，干渴的禾苗遇甘露般地吸取着营养。

功夫不负有心人，两年的学习结束后，有三分之一的人离开了，其余的人分到合唱队。罗老师因表现突出开始唱小合唱、领唱，得到很大锻炼。1956年的音乐周上，罗老师的机会终于来了。在瞿希贤的作品《红军根据地大合唱》中有一首《送郎当红军》，领导启用当时只有二十出头的罗老师来领唱。首演时，台下坐满了业内人士。干过这行的都知道，外行看热闹，内行看门道。台下这些观众眼里可不揉沙子，理智得很难入境。可当罗老师一开口："哎呀咧，嘞——"全场瞬时被这甜美的新声音震住了。再听，她咬字清楚，行腔委婉，用情自然。从此行内渐渐知道了中央乐团有个二妞（学员班有三个妞，她排行第二，平日大家叫她二妞），有个用情唱歌的"哎呀咧"。一日总理来听音乐会，当时的老团长李凌同志作陪。当罗老师开始唱"哎呀咧"时，李凌团长小声告诉总理，这是我们团自己培养的新人，但家庭出身有些问题，有人有意见。总理说："我们要团结一切可以团结的人，建设我们的文艺事业。"有了总理的这句话，李凌有了启用罗老师的依据。

1966年，史无前例的文化大革命开始了。刚刚在事业上看到光明的罗老师，开始了暗无天日的生活。政治上的迫害与歧视让她透不过气来，头发几乎掉光。人们常说，喜无双至，祸不单行。她被打成"右派"的弟弟，在"文革"中实在受不了再次的迫害从广州向香港游去，途中被当场击毙。弟弟死了，姐姐还活着。不管是父亲的"反革命罪行"，还是弟弟的"畏罪于人民，畏罪于党"，这一切，都像大山一样压在她的头上。

有一次，柬埔寨西哈努克亲王过生日。中央乐团接到去人民大会堂演出的任务。作曲家田丰写了一首为亲王祝寿的歌，他是按罗天婵的音域和演唱特点写的。歌曲旋律优美，非常好听，罗老师试唱后，大家一致称赞，都说此歌非二妞莫属。可此时罗老师是公安部内控人员，不允许她参加重大演出，更不能进人民大会堂、怀仁堂之类的场所。也就是说，她根本不能参加这次人民大会堂的演出。怎么办？乐团指挥李德伦先生对她说："二妞，别担心，我们去公安部，以中央乐团领导、全体乐队、合唱队的名义，集体为你担保！你一定不能放弃准备。"听了这话，她心里特踏实。但是，公安部没有批准！她不能参加的演出、不能去的地方、不能见的人太多了。她不是"黑五类"，也没有叛国投敌，但她要替父受罪，代弟受罚。有时她误上了去剧场的汽车又被当众叫下来，她看着载着同事们高高兴兴去演出的车从身边开过，只能一个人怀揣着那颗被碾碎的心，不露声色地、孤独地慢慢走回家。中央乐团是她的家，怎么样她也不会离开！

　　李凌团长的大胆培养，李德伦等领导的信任，乐团每一位同仁对她家人般的呵护，都使她感动，这些让她在那个恐怖的年代少吃了许多苦，少受了许多意想不到的罪，甚至保护了她的人身安全。不能进重要场馆演出，就参加团里的小型演出队，上工矿，下农村。一个广州姑娘在北京向北京人学京腔京韵，去陕北学陕北调，到西安学碗碗腔，来到四川就学四川民歌，进了玉林就唱玉林民谣。我后来问过罗老师："你那么倒霉，那么无望，为什么还那么刻苦用功？"她说，"人不能消沉，不让演正好有时间学习。咱底子薄，要学习才能进步。"她是个有使命感的人。那时经常跟小队上山下矿演出，她知道演出水平高就能为乐团多创收，在计划经济时期团里资金紧张，以小队养大队。只要小队能演出，团里就有钱发工资。她要用高水平的演出回报乐团对她多年的爱护和培养。她想一直唱下去,永远不停。"文革"十年,罗老师用实际行动告诉人们,她不反党,没说过反党言论,只是走遍基层,不停地歌唱祖国、歌颂人民。人们也越来越喜欢她的歌声,《打起手鼓唱起歌》《克拉玛依之歌》《渔光曲》《一个黑人姑娘在歌唱》《吐鲁番的葡萄熟了》《台湾当归谣》等经典曲目被传唱至今。她的歌声真挚、纯朴,音色清甜,咬字清楚,行腔委婉,语法讲究自然,声到情到,音停情未了。多年以来,政治上的压力没有把她压垮,她反倒成为了真正的艺术家。

三

"四人帮"终于倒台了!父亲的问题得以平反,罗老师也能扬眉吐气正常演出了。可最好的青春年华没有了,再也回不来了!一

罗天婵和女高音歌唱家陈瑜,拍摄于上世纪70年代去厂矿慰问演出。

次次的政治运动,一个"反右",一个"文化大革命",耽误了多少人,有多少爱祖国有才华的人就这么坎坷而平淡地带着未实现的理想遗憾地走完一生。罗老师是一个生活上十分俭朴但事业上格外认真的人。她要把前半辈子被迫浪费的时间,用加倍的工作热忱抢回来。就拿1980年去澳门演出来说吧,那个年代出国或去港澳台是新鲜事儿,空闲时大家都出去玩了,只有罗老师一个人在宾馆里死啃葡萄牙文歌曲,她要在晚上的演出中精准地唱出来。

她曾先后随中国艺术团远赴北美、南美、东南亚,还曾到香港、澳门、台湾地区演出,随中国文学艺术联合会采风艺术团以及中央电视台"心连心"艺术团、"同一首歌"大型节目演出团远赴新疆克拉玛依油田及周边地区为广大观众演出。所到之处,得到热烈的掌声与赞誉。

罗老师只有两个儿子,我当然就成了她女性饰物的继承人,她出国时带回各种稀罕物——像发卷、丝袜什么的——她总说自己手糙啊,用不上,通通送给我。我总是忘不了老师看我用上这些稀罕物时那喜悦的眼神,她从心里感到高兴。

四

罗老师一辈子不记仇,我与她交往几十年,从没听她口中说过谁一个"不"字。不管命运多么坎坷,社会对她多么不公,罗老师对生活对工作始终充满热情。如果问我在老师身上看到、学到了什么,那就是人要有一颗善良的心,在任何艰难困苦下也不要失去信念。人要勤奋,永远不要忘记学习,不要忘记做一个有用的好人。

冤家团长王贵

我常说,是人艺大院养育了我,保定文工团锻炼了我,空政话剧团培养了我,中国儿艺给了我更多的实践空间。在艺术道路上我遇到许多良师益友,给予我一生用不完的经验。

没去空政前,我和空政的创作员叶槐青的女儿叶红就是好朋友,我们常一起在空政小礼堂练功。一日,我们刚练完功在叶家休息,门外传来了一个厚厚的男中音,叶叔叔忙开门让进一位大额头的长脸男人。他说是来向叶家借锅的,却用眼睛仔细地看我,还问了几个问题。这人就是王贵团长,他借锅是假,来看我是真,前后没几分钟他就走了。晚上叶叔来到我家,通知我去考试。后来,王贵团长一开玩笑总是说,第一眼对我印象颇好,脸上好像就长着一双会说话的大眼睛,其他什么也没有。一条湿漉漉的大辫子,上穿收腰白泡泡纱短衫,下穿一条天蓝色的百褶裙,站在那,靠着衣柜,问什么都是笑而不答。没想到原来这么爱说话,"吵死了,早知这样,当初真不该要你"。

说真不想要我的这个人,高兴时常喊我"丫头"。有时正当我口若悬河说得忘乎所以时,他又会突然大叫"这个娘儿们,怎么不让别人说话呀!"哈哈,我现在想,当年王老贵一想到我这个人,一定是爱恨交加,牙根痒痒,又不知往哪儿下嘴,扔了可惜,拿着扎手。

一

《丹心谱》这部戏是空政向北京人艺学习的剧目。在这部戏中,王贵团长饰男主角老中医方凌轩,我饰演一个配角——女记者梁晨。空政话剧团演员分两队,二队以老同志为主。和我一起新招进来的年轻同志有四人,只有我一进团直接上台参加A组演出,其他三位同志都演B组。进空政话剧团的第一天,我就直接去了大

王贵团长精神矍铄,2013年拍摄。

庙改成的老排练厅参加排练。那时,我虽然在保定文工团演过两部话剧,但还是以报幕为主,演话剧实在不入门。加上刚进团两眼一摸黑,还分不清谁是谁呢,更别说演戏了。在部队编制的团体中,我台上台下、内心外表都高度紧张,生怕自己犯什么错。每天不管有没有自己的戏,都会到排练场,认真地看老同志排戏;晚上自己下小操,写笔记。在这段日子里,我和大家熟悉起来,对老团长的工作态度和幽默性格也开始了解,称呼逐渐由王团长改成了"王老贵"。现在回想起来,王贵团长从《丹心谱》以后就开始抓创作,当导演,再也没演过戏了。

曹鲲鹏政委曾这样评价我:"方子春是个好演员,不是个好兵。"我想想,还真是这样,我这人,性子直,又不会阿谀逢迎,总觉得咱台上见,用业务说话。和我性格相似的王团长也是个说话不拐弯的人,我很欣赏王贵团长的才气,又与他是一对冤家。我在空政话剧团工作了七年半,把人生中最美好的时光献给了军队,同时空政也培养了我,给了我比他人更多的实践机会。这一切都与这位冤家团长分不开。但两个较真儿的人碰到一块儿免不了有矛盾。我们第一次冲突是为一篇北京台的专题稿。北京台的一位女导演叫许玉环,原是我们团的,她很喜欢我的声音,请我为她拍的一个有关首都剧场的专题片录旁白。稿子的最后两句我至今还记得:"我静静地坐在这庄严的剧场中,我热爱北京人艺,首都剧场永远在我心中。"许玉环住在王老贵楼上,那天我取了稿子路过王家,灵机一动,想让王团长辅导辅导。团长开始挺高兴,听着听着就火了。他认为我是空政的人,为什么热爱北京人艺,还静静地坐在首都剧场?"不行,要么改词,要么你不许去,尤其你是人艺子弟,我更不让你去了。"嘿,那时刚改革开放,就是有个旁白的机会都不容易,我又是人艺子弟,所以很想去录这个关于人艺的专题,本来心里充满愉悦，没想到，乐极生悲。王贵是团长，他不让我去，我再想去也只好作罢。

还有一次，我接了一个四集电视剧。那时电视剧才起步，集数短，拍戏的机会少，能演女一号多不容易啊！我们剧组一行没有卧铺，在烟雾腾腾拥挤不堪的车厢里站了半宿，在哈尔滨换了火车，来到冰天雪地的佳木斯。第二天我正在试妆，团里通过军线派人找到我，令我火速回京。身为军人，我只能流着泪告别大家。返回团里，我问："为什么招我回团？"王贵团长说："过一段要排新戏，你更适合舞台，少演影视，搞不好演一身毛病。"这就是王贵，他很爱护我们，把一手培养起来的演员视为己出，如同呵护自己的孩子。不光他，甚至他的老伴闵阿姨也因为喜欢看我的戏，开着玩笑认我做了她的干女儿。于是我成了王家的常客，有事没事路过他家都进去坐坐，吃点东西，侃侃大山。有时和王老贵在工作中吵起来了，还会去找闵阿姨告个状，让她为我出气。有闵阿姨撑腰，我更不怕王老贵了。

记得那年我初为人母，团里要排话剧《周郎拜帅》，王培公编剧，王贵任导演，濮存昕和王学圻饰周瑜A、B角，我饰周瑜之妻小乔。说实话，接到这个任务，想演又不敢演，很是纠结。小乔在历史上是出名的美人，每个人的心里都有自己的小乔。我刚生完孩子不久，身体还没有完全恢复过来，心中忐忑，我行吗？当我把自己的困惑告诉王贵团长时，他说了一段让我一生受用的话："你的声音很好，有很好的台词功底，这个人物就是为你设计的。记住，一个演员要学会牵着观众的鼻子走，要充分利用你的长处使观众暂时忘掉你的短处，忘掉演员的你，记住角色的你！"后来《周郎拜帅》演出很成功，有段戏，我跪在台口低头垂目长达十几分钟的独白也是好评不断，以致一位同台演员这样说道："方子春一上台，

话剧《周郎拜帅》，方子春饰小乔，1983年。

我前边都白演了。"

然而，排练之时并不顺利，我和王老贵的关系几乎决裂。矛盾的爆发点竟是我一直引以为豪的台词。王贵团长在这个戏中让演员借用日本能乐的韵律读台词，一天到晚要我们"喔喔……噢噢……"地练习。我这人平时还算随和，可排起戏来特较真儿，王老贵在《周郎拜帅》的"导演阐述"中说，这是一个唯美主义的戏，要求人物的造型以汉代为基础，加以变形和夸张，要像汉砖中的雕刻造型一样设计动作。汉砖还好说，用能乐的音韵怎么说词儿呢？我不干了！

他火了，他一火就大骂，他一骂，我就大哭，边哭边让他打听打听去，外头谁不说我台词好。王老贵既是导演又是团长，哪见过这么个小丫头说不干就不干了，还敢让他打听打听去。一怒之下他说："我告诉你方子春，你不要成为第一个被我换掉的人！"被换掉就说明我不行喽？那可不行，我是多么热爱这个人物，虽然戏份不多，小乔却充满光彩。这个人物是作者王培公专为我写的，我不能就这么败下阵来。于是，我流着泪跑回家，取来一个录音机（我住排练厅对面），往王老贵面前一蹾，说："我说不好，我学行了吧？你给我录下来，你怎么说，我怎么学，行——了——吧！"就这样，《周郎拜帅》中的台词是导演王贵一字一字教的我，后来有人说，听方子春的台词是一种享受。其实不是我的台词有多棒，而是观众听懂了台词的内涵。

我和王老贵在《周郎拜帅》中的"斗争"还不止这点。我认为自己没吃透的戏是怎么也演不好的，自己都没懂，怎么能正确传达给观众呢？小乔身上充满了中国女性的传统美德，我是个现代女性，我不明白为什么一个女人能如此无怨地看着自己的夫君带他的情人出征，而自己还要在家心甘情愿地孤独等待，待他凯旋之时又是黄土垫道又是清水泼街地迎接他？这天下午，王老贵正在导戏，大家认真地排练着，场上濮存昕与肖雄动情地说着台词，我从二道幕上场了。可我还没走几步就实在演不下去了，站在那儿一股脑儿地把心中的困惑全倒出来了，问了王老贵好几个为什么。我的提问中断了排练，全场立即安静下来。在片刻静寂之后，王贵爆发了，他大叫一声，先是让我从台上"滚下来"，再让大家解散。

大家大气不敢出地悄悄离开排练厅，只有队长杨迪昌带着两人在为晚上的演出摆椅子。此时我早从台上"滚"了下来，梗着个脖子，站在那儿，任泪水在脸上横流，王贵则喘着粗气在我前边来回踱步。那个下午，我觉得时间好像凝固不走了似的让人透不过气来。我反正不看他，心想，不就是问了几个问题嘛，干嘛让我滚下来？我滚下来了，看你怎么办！只见王老贵此时踱到桌角旁，用力一拍桌子，桌上的东西都跳了起来。他喘着粗气提高一个八度咬着后槽牙跟我嚷嚷："你以为小乔是你方子春呀！人家是小乔，你为什么不站在角色的位置分析事物呢？"一通怒吼之后说道："我十了几十年，还第一次碰到你这样的，今后用比你差几倍的演员，也不用你！"我突然笑了，用军装的衣袖抹着满脸的泪水，王老贵看我笑起来，有点儿丈二和尚摸不着头脑，问我："你还笑？听懂了没有？说，笑什么？"我收了笑容，依然梗着脖子，还是不看他，也高八度回答："你骂我这么半天，总算说了句真话，还有比我差几倍的演员。"王贵一听，"你，你，你"了半天，气得说不出话。我委屈地小声嘟囔着："你早点儿给我讲清楚，我不就知道了，想不通怎么演。"王贵无奈地看看我，不再多说一句话，拿起杯子就走。我却没心没肺地回家吃饭去了。

思想通了，戏排得顺手起来。王贵的超前意识总是让演员充满新鲜感，同时又措手不及。一天，我和王学圻在排一段告别的戏，我们相拥着说着夫妻缠绵的离别之语。王老贵打断了我们，一连说了四个"停"："停！停停停！别动！看看你们这个形体，搭架子呐。除了胳膊在一起，身体离得太远，都能钻过一个人去。你们是夫妻，要耳鬓厮磨，要感觉到对方的呼吸和体温！现在吃饭，你们自己下去练去。"说着，他走了。我和早已羞红了脸的王学圻跟着逃离囧地。这是80年代初啊，又是部队文工团，王贵这个"耳鬓厮磨，要感觉到对方的呼吸和体温"着实吓人一跳，这也太不好意思了。可他的要求是对的，演员嘛，就是要真听、真看、真感觉。在王贵的要求下，我们的戏一步步向成熟靠拢。

王贵的作品常常在各个方面给演员提供充分展示的平台，也就是说，他要求演员要训练有素。在话剧《周郎拜帅》中，小乔与周瑜有一段"十里相送"的戏，导演要求，没有一句台词，在没有一件道具的斜坡舞台上，只有小乔与周瑜依偎着，好似来到村口，好似走在道旁，有说不完的嘱托，却未吐一字，全部用形体完成。他要求脚蹬京剧的高底鞋、身穿宽大袖筒汉服的我们，像跳探戈一样充满韵律地走满全场,能按要求做到完美谈何容易!天很热,那时礼堂没有空调,我和濮存昕练完和王学圻练,功夫不负苦心人,后来这段戏,成为全剧最唯美的段落之一。我亲耳听到观众说,这个戏他看了几遍,就是为这段来的。听到这样的评价,演员流再多的汗也是值得的。当然这和导演的要求是分不开的,王老贵也算没白骂,这个戏演出十分成功,以致很长时间中央戏剧学院用这个戏的段落作为学生的排练教材。

二

我在工作中总是十分努力。改革开放后,文艺界一派兴旺,不安分的我在"文革"中压抑得太久,总想把耽误的十年时间抢回来,可王老贵觉得我演舞台戏更合适。团里几个当家女角都想出去拍戏,他手上总要有合适的人选演舞台戏吧。我那时不满三十岁,正是演戏的好年华,虽然空政培养了我,但在影视方面也压制了我的发展,后来发生了件彻底让我灰心的事情。

空政话剧团的话剧《火热的心》,有两位演员出演女主角。那时我们每年都有三个月下部队的任务,于是这个戏的导演来找我,说如果我同意下部队演出,该戏参加全国调演时也由我担任女主角秦丽娟。为基层服务、贴近生活我从来没有二话,而这个戏是歌颂空军劳模朱伯儒的,我能饰演他的妻子秦丽娟参加全国调演是多么好的事情。大家都知道,在那个年代饰演正面女一号就意味着获奖。当然,领导这样决定,作为军人,我也必须接受。于是,我虽有不舍,还是放下才几个月大的孩子,下部队巡演去了。这一走就是三个半月,又赶上水土不服,我们演了七十多场,我腹泻了七十多场，人都站不起来。领导对我说，你首先是战士，其次才是演员，考验你的时候到了。常说"好汉经不住三泻肚"，我是拉了三个多月啊，就在评委们看调演的审查专场那天，第一幕快演完时，我终于在台上倒下了。我当时只记得饰男主角朱伯儒的李雪健双手连拉带架把我扶起，边摇晃我边把问民工的台词问了我一遍："你怎么样？"我说："没事。"大幕一闭，人们马上把我架到台边，团里的吴医生连敲五瓶葡萄糖水给我喝下，当大幕再次拉开，我依然恬静地坐在台上，一针一针地缝着衣裳。戏是怎么演完的，我自己也不知道，李雪健告诉我："春儿，你一句台词也没错。"那天一切结束后，我蜷缩在床上哭了。当正式调演到来之际，王贵团长代表领导来通知我，参加调演换人了，但在正式调演前，如排练时需要，我依然要走位置……

那是个炎热的午后，我母亲正巧来看我，王贵团长走进我家说的第一句话是："来通知你个事，本不该我来，可他们谁都不愿意来，最后还是我来吧。"王团长还没说完，我母亲就火了，说："下部队你们找她了，审查演出来不及你们找她了，平时不让她去拍电影，这会儿说她名气不够大你们把她换下来……"老贵也急了："这是部队，这又不是我一人的决定，过去不让你拍影视是对的，现在把你换下来也是对的！"说着就往外逃，我还是礼貌地跟出了几步，王贵团长边走边说："你妈这老太太真厉害。"本来我妈就为王贵团长不让我出去拍戏不高兴，他有时想去我家坐坐，总会先问一句："你那厉害妈在吗？"这以后他们更水火不相容了。当时我听到王贵传达的话，也委屈得两眼含泪。我团的《火热的心》在调演中得了许多奖，而我除关键的预演外却没有参加正式调演，没有表演奖更没有三等功，我丢下几个月大的孩子，下部队巡演了七十多场，得到的却是近四个月的腹泻和在关键时刻昏倒在台上。当在长长的团嘉奖名单中听到自己的名字时,我不恨谁,只觉得心冷,我和空政的缘分尽了。从此我有了转业的想法,没想到和王团长还没谈上三句话,团长就写了一张纸条递给我,这不大的纸条我至今还保留着,上写着:我活着,你别想跳槽。

我开始了长达一年的"躺床板"闹转业,我还年轻,我要离开这里寻求更大的发展。就在此时,空政话剧团出了一件大事,我不光借机离开了一直不放我的空政,还成了冤家王老贵的秘密交通员。

话说王贵团长虽然没上过艺术院校,但看过很多书,才华横溢,在艺术追求上没有条条框框,反而有超前的意识。他十分用功,有着丰富的想象力和幽默的气质。这样的人在军队团体想按自己的想法搞一些纯艺术的戏剧,几乎是不可能的。不管我与他如何吵吵闹闹,对他在艺术上的造诣一直十分欣赏。他的大脑门里不知有多少五彩斑斓的东西。他是一位艺术家,一位喜欢把内心世界表达到极致、能收放自如、含蓄与奔放并用、任想象天马行空无限伸展的艺术家。1981年王贵与空军怪才作家丁一三把反映"林彪事件"的《九一三事件》搬上了舞台。这在当时震惊军内外,至今该戏仍是各艺术院校的课外教材。1983年他又和空军才子作家王培公搞出唯美至极的《周郎拜帅》。1985年就在我"躺床板"闹转业时,王贵搞了一部名为《W·M(我们)》的描写知青生活的戏。这个题材在当时过于敏感,而戏中又有青年男女对爱情的渴望。上世纪80年代,在军队演这样的戏,一石激起千层浪。观众群情激动,从军队的各个文艺团体到地方的艺术团体和艺术院校,整个文艺界奔走相告,一批一批的观众挤满空政小礼堂。人们观看着,激动着,讨论着。被"文革"禁锢多年的人们总算能看到有共鸣、说真话、不乏高艺术水准的戏。我虽没参加演出,因就住在礼堂对面,所以每天吃完晚饭,就拿把大芭蕉扇,坐在礼堂一进门的地方和王贵一起看戏。

好景不长，没演几场，上级下令禁演了，王贵的团长、艺委、导演等职务一抹到底，停职等候处理。记得那天，演员已化好妆，观众已进场，礼堂大乱，文艺界大乱，社会上议论纷纷。大乱之中，王贵本人依然坐在礼堂最后——那个不起眼的靠门口的位置上，台上台下群情激昂之时他向我招招手，我走到他面前蹲下来，脸对脸地看着老头，他轻轻说了一句："丫头，你走吧，我现在自身难保，你出去好好发展吧。"我的眼眶里一下子含了泪，没说话，在昏暗的灯光下，我看见王老贵夹着烟的手在微微颤抖，我能感觉到他的内心是多么的不平静。

支持王贵的青年演员们一天到晚聚在王家愤愤不平，而他们没有想到，在军队要服从命令，你首先是个军人，然后才是艺术家。其实当时王贵很难，演员们说什么，反对方都认为是他指使的，他只要说一句什么话传出去定会被人抓住把柄，大难临头。我家在"文革"中遭受灭顶之灾，深知其中道理，所以我心里虽惦记王团长的安危，这个时候却不会去添乱的。

一天下午，王家老三来找我，是闵阿姨悄悄派她儿子来叫我去他家管管，怕演员们的一片好意发展下去为王贵招来更大的灾难。我让王三先走，放下手中的事情，随后也去了王家。这是王贵停职事件后，我第一次走进王家。一进门就看见一屋子人，把不大的客厅坐得满满的。我没有客气，也没有开场白，上来就连轰带劝地把大家请走，并希望大家如果真心对王贵好，在问题下结论前不要再来王家。待大家离开后，我让王贵之子王三先锁门，近期谁来都不开。之后坐下来与王团长、闵阿姨一起想办法，我提出"三十六计走为上计"，先把王贵连夜送走，让两派谁也找不到。家里的电话是军线，所以不能打，怕有监听，闵阿姨也不能去看他，怕有人跟

王贵团长为人正大光明，如同他亲笔写的"鼎"字一样。

踪，有事让王三口头告诉我或写纸条，我骑车去送信。因我不是这个剧组的，又在闹转业，而且三天两头和王贵耍小脾气，人人知道我不是嫡系，所以谁也想不到我头上。现在想起来，不知为什么王家那么信任我。在政治色彩很浓的压力下，我好像又经历了一次"文革"。我和王家似乎都忘记了平时的恩恩怨怨，好像在排练场为戏争得"我哭他叫"是很遥远的事。我和王贵团长的心从来没那么近过，我们之间也从没那么和颜悦色过。

这件事过去了许多年，王贵依然是王贵，我们除了在院里遇上打个招呼，我几乎不去他家。不过，我心里从没有忘记他，有时也会听到一些他的消息。常说"铁打的营盘，流水的兵"，王贵任团长时期培养的一批演员基本也都先后离开了。有人告诉我，一次濮存昕请老团长去人艺看戏，王贵看着看着哭了，用老团长的话说，我培养的演员都成为了别人的骨干。是啊，一个好的剧团要有自己的风格,而风格不是一时形成的。有自己的创作队伍,有自己培养起来的演员,才可能慢慢形成自己的风格。"文革"后他用了七八年的时间培养了我们这批演员,又正是出成绩的年龄,大家却各奔东西,在各个文艺团体里成了他人的骨干,他能不心疼吗?

不过,不管我们走到哪里,有多大成绩,大家和我一样,从没忘过老团长,忘过空政话剧团的培养。后来我配过很多音,拍过很多戏,从青年走到老年,王贵老师对我艺术上的教诲我一直牢记在心,连他说话的声调和模样都没忘记过!没忘记的还有他的个性。他喜欢喝绿茶,喜欢一支接一支地抽烟,喜欢一个人静静地坐着,也喜欢高声大嗓地发表评论。他喜欢素雅,更喜欢热情奔放,还有一点,他喜欢青春朝气,喜欢女人。对,男人,尤其做导演的男人谁不喜欢女人呢,而王贵身边的女人给他带来的幸福与苦痛真可写一本书。

三

王贵曾订过一次婚,结过两次婚。我不知道他那家里包办的、没过门的未婚妻什么样子,他的第一位夫人——也就是闵阿姨——是我们空政歌舞团的声乐演员。王贵的母亲曾经用那口河北蠡县的调调说:"人家要找个洋的。"这"洋"字要拉长音,读"秧"音。所以老同志在向王贵问起闵阿姨时都会学着王贵母亲的腔调说:"你们家'秧'(洋)——的,在吗?"根据这点,我想王老贵老家包办的未婚妻一定很土。我倒想说说他的第三位夫人,也就是现在守候在他身边的、比他小二十八岁的夫人张琪。她是南京人,毕业于上海戏剧学院。分到空政话剧团时,真叫漂亮,小鼓脸儿,大眼睛,粉白的皮肤，瘦高挑的个儿，属于让人眼前一亮之人。而这美人对我印象不佳，甚至和大多数新同志一样有些怵我。她后来告诉我："你给人感觉特厉害，凡人不理也不笑，直着走路谁也不看，戏特好，我们挺怕你的。"我们在团里那几年从没说过话，直到我们都转业了，碰巧同上了一部电视剧，同住一个房间，才戏剧性地有了了解。

我年轻时抽烟，一日闲来无事，俩人坐在沙发上看电视，我边看边拿出一支烟用打火机点燃，而后顺手把打火机放在我与张琪之间的小茶几上。张琪好似无意地拿起这个小靴子造型的打火机仔细端详起来，边看边嘟囔道："咦？我曾经用我的第一笔稿费给我的情人买过一个这样的打火机，他说坏了，也是这个地方坏了。"我一听，先是有点懵，后是一惊，吓得差点儿从椅子上跳起来！脑子里"王贵"二字飞快旋转着。常说紧锣慢鼓，心里吃着惊，嘴上斟酌着，慢慢地对张琪说道："这个呀，是我从王贵那抢来的。我一直想要，他不给。有一天我去他家玩，看见他抽屉里扔着这个小靴子就一把抢了过来。加上闵阿姨说，坏都坏了，别小气，给丫头吧，我这才抢到手。"我力图把自己择干净，边说边观察张琪的脸色，小心地出着气。

从此，张琪对我打开心扉。我们之间的话题有三个人，提到两人时是不提名字的，张琪说"他"或"我情人"时，这是指王贵；如果张琪说"我男朋友"或"未婚夫"，那是她在法国的男友。如果我把法国的男友说成"你爱人"，她一定纠正我那是"我男朋友"。而只有一个人我们提到时会说名字，就是我干妈，王老贵的夫人——老闵（人们平时都这样叫她）。

我这人在男女问题上不太敏感，开窍较晚，所以有时全团都知道的事我都不一定听说。这次我们把话捅开了，张琪遇到一个能谈此事的人，就把一肚子的痛苦与困惑全倒出来，想得到我的同情、理解和帮助。她那时满脑子就是王贵这个人，王贵这个事。她要我出主意，谈观点。我本心觉得不该破坏他人婚姻，但又觉得张琪爱得实在太深、太伤、太可怜，真不知该如何评说。张琪整天就这一个话题，我的个妈呀，我听着都头大。在剧组，我前段戏多，不久从山上掉下来，脚面骨裂，按说本该在房间好好躺着，可天天看着张琪落泪我也心烦。躺了没几天，不拍戏的时候就出去看电影、聊大天。张琪见我老不在房间，就让人叫我回去。有一次，我印象很深，她对我说："姐，这些事，我不对你说能对谁说？你不帮我出出主意，还一天跑出去玩，你知道我多难受吗？"说着她又哭了。我看着楚楚可怜的张琪，心里对王贵那叫一个恨呀！

　　从此我基本没去过王家，我不去王家，也没躲了干系。闵阿姨时不时地来找我。据她所述，张琪已杀上门来，要与王贵结婚，多年的地下恋情她要名分。这时王贵早已无权无势，是个有孙子的人了，闵阿姨想着大家都老了，相安无事，共度晚年。而张琪痴心不改，再好的男人不嫁，非王老贵不可。她是我所见过的最勇敢、最执著、最在乎名分的现代女性。我这个局外人又能有什么主意？还是先问闵阿姨，王贵是啥态度。之后就来个"三十六计走为上计"，先躲躲，大家都冷静冷静，能拖就拖。可这回无论闵阿姨把王贵藏哪里，张琪都能追了去。是王贵身在曹营心在汉，还是张琪不到黄河不死心？总之，王贵是个让女人疯狂的男人。

　　话说一日，我正在睡午觉，几年不联系的张琪打来电话，第一句就是："方子春吗？我找王贵。"我睡得迷迷糊糊地问："王贵？不在这儿，好久不见了。我不知道。""你肯定知道，上次不就是你把他藏起来的吗？"这时我全醒了，在《W·M（我们）》事件之后，我让王贵躲出去的事儿极保密，张琪能知道，定是王老贵这张臭嘴告诉她的。看看，现在给我找的麻烦，落话把了吧。这么想着，心里多少有些怪老贵，我也不想搀和他们家的事儿，本来就乱,再加个我还不乱上加乱。这会儿最好实话实说:"前段听说去兰州排戏,也去过广州看老战友吧?现在我真不知道。"张琪不再逼问我,挂了电话。我却再无睡意,两眼翻天不知脑子里想什么,心里在骂:"你个王老贵,这回你玩大了。唉,可怜的女人们。"

不久,闵阿姨最后一次走进我家,她手里拿着一块湖水绿的料子,送给我做裙子。料子摸上去有些麻麻的,沉沉的,很垂,够做一身儿连衣裙。谈到王贵的事,她始终很冷静,这次她没掉一滴泪,只是告诉我她同意离婚了,之后她去美国,到妹妹那儿先住一段再说。她还说,空政这院她再也没什么留恋的,只是有些舍不得我。她觉得我穿绿色一定很好看,这块料子她存了好久,送我做个纪念。看着不年轻的老闵的背影,我想哭,一个年过甲子的女人,突然没有了家,离开生活了几十年的地方和儿孙,孤独地去遥远的美国寻求内心暂时的平静,这是一件令人心酸的事情。我不知道谁对谁错,也许在情感世界中就从来没有绝对的答案。

我送给王老贵我去年出的书《谁在舞台中央》,又把我写他的文章初稿给他看,次日张琪也正好在家,我们四人一同出去吃饭。看着张琪对王老贵鞍前马后地服侍着,我由衷地对张琪的不离不弃表示佩服!她用行动证明着对王贵的爱情。我的初稿王老贵看了五遍,很激动,有的段落老头落泪了。我问到闵阿姨的近况,王老贵告诉我老闵在敬老院。说到我想从我的角度写些他们的故事,王贵和张琪表示同意。

得到应允却很难下笔,还是王老贵点拨了我:"你要写,一定要写真实的东西,只有真实才能打动人。我不会改别人的稿子,那是你对事物的感受,是从你的视角看这件事。"这就是王贵,一个活得坦荡的人。成也王贵,败也王贵,十几年不见,他锐气不减。我能感受到他内心的不甘,他还有许多对舞台艺术的想法没有机会展示，很多理论没有时间实践。他想说、想做的还有很多很多，但再也没有精力和体力来完成。

结　语

近二十年了，我不曾再走进老贵家。有时在路上遇到，我们也只是交谈几句。我不去看他，他并不怪我，我们心照不宣。这次我写稿子，开始也没有去拜访他，因为他的故事全在我心里。倒是我先生和空政歌舞团的姜春阳、李耀先老师们让我去看看八十有余的王老贵。我拿起电话，拨通熟悉却遗忘的号码，心里……"喂，说话。"电话那头传来再熟悉不过的声音。"老贵，我是子春……"挂上电话，往事钩沉，闭不上那思绪万千的闸门。那天我走进王家，看到老贵坐在书堆之中，他的额头更宽了，人更瘦了，可精神不倒，还是高声大嗓，还是在我说话不打点儿时大喝一声："这个娘儿们怎么不让别人说话呀！"我笑了，大笑，好像又回到三十八年前。

昨天老贵来电话了，他说张琪演出去了，等她回来，我们一起去吃正宗的蟹黄包子，他请客。我脆生生地应允着，不知为什么，泪水却无声地滚落下来。也许，是我看着这个才华横溢的人在没完成他对艺术的种种设想就先老去时的一种惋惜吧。

曹翠芬、谭天谦：清白做人、认真演戏

好久没去曹翠芬大姐和谭天谦大哥的家了，走到楼下竟然记不清他们住在几层几号。我们一边打听，一边摸到他们家门口。刚要敲门，先生含笑拉住我，指指谭家的大门，我突然想起谭家进门的要领。谭家住在北影宿舍某楼的四层，因门口有凹角，蚊蝇常躲在那儿，进出时一不留神它们会随之溜入房中。谭大哥和曹大姐为了不受小虫骚扰，经过多次实践，确立了进门三步法：第一步，精力集中浑身绷紧，认真地用扇子扇门；第二步，趁蚊蝇飞离之瞬间猛拉开门；第三步，人蹿出或冲进的同时快速关门。想到这里，忍不住大笑起来。笑声引来了门内的呼应，曹大姐热情地说着："来了，来了，你听春儿这哈哈声。"话音未落大门随之开启，我和先生已做好了向里冲的姿势。"不用不用，现在没有蚊子，夏天再冲。"门里门外的人一起笑了起来。谭大哥依然像许多年前、许多次见面时一样，要拍拍春儿的脸颊，曹大姐要抱抱春儿的肩，好好端详端详。我突然发现大姐那斑白的银发是那么好看，衬托着娇好的容颜更显内心的宁静。

曹翠芬大姐是我的良师益友。

上世纪七八十年代戏少，人总不能老待着吧，大家就开始配音。我时常在北影配音，离谭大哥家很近。通常早上八点半就进棚，如果起得晚点儿，再赶上路上堵车什么的，有时候就赶不上吃早饭。记得那是80年代末的一天，一位漂亮的女演员没吃早饭，热情的谭大哥一听，骑上自行车就回家给人家取了个大馒头，馒头里还不忘加个鸡蛋什么的。我在一边看见了，这份儿不高兴，拔尖惯了的我，也吵着要吃馒头。谭大哥先是一愣，立马骑上车就回家了，不一会儿谭大哥气喘吁吁地回来了："馒头来了，馒头来了。"他嘴里一个劲地说着，一脸真诚地递给我一包东西，我得意地接过来，低头一看，这哪里是馒头，就是两个冰疙瘩。我顿时大为光火，大叫着问他："为啥拿馒头夹鸡蛋给漂亮姐儿吃，却拿冻得能砸死人的冻馒头给我呢。"我这一叫引来一片笑声。谭大哥无奈地解释道："你曹大姐拍戏不在家，她把馒头买回来包成小份冻在冰箱里,吃多少解冻多少,刚好解冻的馒头吃完了,我怕你饿坏了,只好拿冻馒头给你了。"当时我真是哭笑不得。很多年过去了,我早已从拔尖的丫头变成了老女人。可每次只要站到大哥大姐面前,我似乎又回到了昔日那个嘻嘻哈哈的傻春。

我是先认识谭大哥的,他声音特别好,渐渐就成了配音方面的主力,只要他组班子,总少不了我。正是他手把手教导我入行,以至于我后来干了二十多年的配音工作。那时配音的活儿并不太多,能有个活儿大家都盯着,除了看工作能力,也要看如何处理好方方面面的关系。人常说,不经事儿,不知谁是真朋友,能成多年老友,必定共过事儿。许多时候不一定有什么大事,但生活中经常处处见真心。90年代初,有个电视剧让我组班子配音,我觉得男一号的声音由谭大哥配音特别合适。但那时候他刚做了心脏手术不久,从医院出来后在家调养。录音棚是个空气不流通的地方,对身体不利。本来谭大哥已经决定今后不再配音了,但我一时找不到第二人选,犹豫再三,还是拿起电话打给老大哥。电话通了,大哥没

曹翠芬、方子春、谭天谦2002年在京郊白河峡谷合影。

马上答应。之后是曹大姐回的电话，电话中她的话我至今记忆犹新："春儿，我知道你不碰到难处不会找你大哥，常说救场如救火，你开口了，我和你谭大哥商量了一下，这忙他帮了。可我有个要求，你要答应我，每天不能工作太长时间。"

我向曹大姐立下保证之后配音工作开始了，但万万没想到，录到第七集时，原本顺利的工作戛然而止。组里要求我换掉三个配音员，其中一位是谭大哥。理由是男主角觉得谭大哥老，头发白了，不合适。我解释道：谭大哥不管是声音还是艺术内涵以及配音技巧在北影绝对是配主角的人选，他只是不染头发而已，头发白与音色没什么直接关系。任凭我嘴上燎泡四起，说出大天来也无济于事——早干吗去了！已录七集了，你提出换人，搭进去的时间、资金不谈，我怎么对我的老大哥交待？人家是我请来救急的，给我面子来帮忙的，配了七集之后把人换了，这……这让我怎么开口，怎么对曹大姐交待，今后还见不见面了？传出去我日后怎么做人？一下子，我脑子全乱了。停棚三天，经过一番考虑，我只好对参加配音的其他演员说明原因，而后我宣布退出后期工作，与谭大哥和那两位朋友共同退出。

然而，没有不透风的墙，不正常的停棚很快就让全配音圈及几位前辈知道了原委，没想到谭大哥和曹大姐没有责怪我一句，反而安慰我。最可贵的是，之后不久，曹大姐又和那位要求换掉谭大哥的男主角一起演对手戏，整个排戏期间她竟只字未提这段往事，宽容大度感动了对方。

谭大哥和曹大姐对这件事情的处理，以及对很多事情的态度都让我学到了许多东西。也许，我不能像他们那样如此大度地对人对事儿，但我敬佩他们。他们口头上从没教育过我什么，但相处几十年，从他们的一言一行之中我学到了宽容、大度、认真、实在。

谭大哥和曹大姐虽然在艺术上取得过不凡的成就，但在圈里十分低调，他们看得太透，活得太明白，对艺术又太热爱。他们几乎不参加与戏剧无关的各种娱乐节目。说他们清高吧，对艺术、对工作、对他人，他们是那么真诚。办事特别认真，要么不办，办，就力求把事情做好。这和现今一些人的工作态度是多么不同。现在，有时候在剧组里，导演都喊预备了，有人手里还在看手机呢。想到这，我问曹大姐："如果遇到这样的事情，你怎么办？"曹大姐说："我把头扭过来，不看他，只想自己那点儿戏。担子在自己身上，差一点儿都不行。尤其是重场戏，要有分量。只有心静下来，自己把飘着的心融入人物的情感，才能把这段戏稳稳地趟下来。生活上，我们就是过平常老百姓的日子，不显山露水，但是到银幕上，我绝不能一般。"曹大姐说话的声音并不大，语气并不铿锵，但句句在理儿。这让我想起张雁伯伯曾多次告诫我的一句话："生活中平平凡凡，舞台上光彩夺目，这才是演员的根本。"

曹大姐这辈子干过不少临时救场的活儿，遇到情况她总会默默顶上去，从不计较。曹大姐曾因在电影《孤儿泪》中出色地饰演耿二女而获得过第二届中国电影华表奖最佳女主角。说起来这也是个救场的活儿。那是在1995年，谭大哥又一次住院做手术。一天谭大哥刚刚从急诊室出来，厂里边来人请曹大姐去演《孤儿泪》，因为本子等不了。制片人本来不好意思说，只推说是来看看谭大哥，可大哥是聪明人。果不其然，这次是救场的急茬，而且是寒冬腊月去塞北农村，还要到大山里头拍摄。生活艰苦不说，拍摄异常艰难，但谭大哥支持大姐，他说："你必须去。放心，我从急诊室出来到病房了，你放心吧。"大姐本心不去，她怕万一有个闪失，但最后还是听了大哥的话。这个戏确实不容易，风雪交加，冰天冻地。生活的艰苦，创作上的磨难，还怀揣着一份对谭大哥的担忧，身体和精神上的双重压力，导致她从开始拍摄到停机一直在生病。我参加了《孤儿泪》的后期配音，通过画面深知演员的辛苦。功夫不负有心人，有大哥的支持，有大姐的全身心投入，这个戏，最终也给曹大姐带来了荣誉。

2010年，在电视剧《女人不麻烦》中曹大姐饰演我母亲，这也纯属偶然。这个角色是个有四个女儿的母亲。本来曹大姐帮剧组找了个年龄较大、戏也很好的演员来饰演，没想到，那位老师年龄大了些，如果要剧中三位男士追求她，观众着实不会信，所以只能换人。换来换去剧组都不满意，最后认准了曹翠芬。看着全组一天天停拍，曹大姐只好答应。大姐本来就喜欢安静，加之后进组，本子接得晚，又是女一号，戏重词多，不敢有半点松懈。上海冬春交替之季房间里阴冷阴冷的，大家尽量往有空调的房间扎。只有她，哪儿安静、哪儿没人就往哪儿坐，求得片刻安静默词背戏。我在这个戏里演家中的大姐，上海的严晓频和同是来自北京的郭冬临饰演二姐和二姐夫。那时我们三人十分要好，加上郭冬临的经纪人老杨，我们四人如果下戏早，常一起出去玩。一日，看曹大姐难得空闲，我们邀她一起吃饭，饭后去钱柜唱歌。说实话，我们这几个人很少进卡拉OK这种地方，而那天，我们不光进了卡拉OK，还玩得特别High。玩兴正浓，冬临突然让大家停下来，他说："安静，安静，记住这一刻，记住这种感觉，这种感觉多么美好。以后不会有了，只有在外地才有这样的时候。"他说得没错，在北京拍戏有空就回家了，我几乎没和谁出去玩过，偶尔去一次练歌房也是应景，从未这么放松，这么尽兴忘我。当我和谭大哥说起和曹大姐去钱柜唱歌，他十分惊呀，因这太不像大姐的风格了。我却忘不了，大姐在即将完成一个美好的角色之时，那种由衷地、开心地、尽兴地笑。

大姐家里不像其他人家，进门就能看到过去的荣誉。她把众多奖杯奖状放在一个不常进的房间里，在一个不起眼的柜子里摆满了奖品。在众多的奖品中，我看到曹大姐因《上海一家人》获奖的证书。一个盘绕在我心里多年的问题冒了出来："我心里始终有个疑问，你们俩是电影学院的同班同学，几十年来感情一直非常好。那年谭大哥突然病了，听说心脏大面积梗塞，从电视剧拍摄现场直接送到医院，很危险。当时曹大姐正好拍戏没在家，可后来又接戏了，这我没想到。要是按照曹大姐的性格，她肯定不会去，肯定在家里伺候大哥呀。"曹大姐听了此话，和谭大哥对视了一下，娓娓道来："春儿，你记错了，我那时候是拍电视剧《上海一家人》，拍完回来一个月后，你谭大哥才病的，我一直守在医院。最后录音的时候，我本来已经决定不参加了。导演也跟我说，曹大姐，我一定给你找一个好的配音演员。可我考虑再三，不成。你知道，咱们都是干这一行的，一部戏拍半年，录音时别人替我录，剧本里的好录，剧本外的，比如一个全景，我不在镜头里头，但我的声音可以打进画面里的就没办法很好地融合了。咱们都干过配音，如果这些地方配音演员不知道、忽略了，就会失掉很多精彩的内容。后来是你谭大哥坚持让我去，由他哥哥来照顾他，这样我就去上海配音了。中间正好赶上春节，剧组给了我六天假，飞机来回，真让我感动。我下了飞机就去医院，整整在医院待了六天，家都没回，从医院又直接去的机场。"这时谭大哥插话了："这部戏一开始是我帮着联系的。你曹大姐是个非常认真的演员，《上海一家人》这个戏比较长，人物比较容易立起来。之前的戏，咱们不争角色，有多少戏就认认真真演完，但戏份较少，观众也就不了解这个演员。咱们年轻的时候，说实话，电影演员要漂亮，但你大姐又不是那种艳妞儿。"我感慨说："你们这一代人什么都没赶上。一个'文革'，把

电影《大红灯笼高高挂》剧照（1991年），巩俐饰演颂莲，曹翠芬饰演二太太卓云。

人生最辉煌的一段时光晃过去了。那时戏少，一天到晚老下乡改造思想了。"谭大哥点点头接着说："是啊，那时候机会也少，没有那么多电影，一年能有几部戏啊。"大家都知道，作为一个演员，出成绩就那么几年。能干上这行，不能说百里挑一吧，也个个是人尖子。看着眼前满头银发的前辈，我无奈地叹了一口气，深有同感。

谭大哥和曹大姐可称得上是我的良师益友。他们二人是电影学院的同班同学，毕业后又同在北影演员剧团工作，牵手至今，相濡以沫，让人羡慕。许多年了，我们两家关系甚好，时常一起工作，一起出游，一起讨论对事物的看法，当然也一起欢笑。谭大哥是个从不在外留宿的人，却空前绝后地与我们去了次五台山，并在大同住了一宿。我们还去过沿河城，到过农家院，开心得不亦乐乎。说笑中我们回忆着往事，看着那些记录着时光与友谊的一次次的合影，心里充满愉悦。从拍戏到配音，从谭家的冻馒头到一同出游的时光，从上世纪70年代初配南斯拉夫的《瓦尔特保卫萨拉热窝》、墨西哥的《玛利亚》到眼下的拍摄现场和配音棚，这里有多少说不完的话题。有时我想，为什么老一辈对艺术如此执著，活得如此认真？因为，他们有信念。这种信念到底是什么我说不出，但"清白做人、认真演戏"一定是他们的座右铭。春有百花，秋有果。如今，大哥大姐已进入人生的金秋，他们的人生之路上硕果累累，一果是爱情，一果是家庭，一果是事业……人这一生啊，出不出名，有没有可炫耀的成绩都是机遇，只要奋斗过，不虚度，到老了回忆起过去内心依然充实，就比什么都好。您说，对不？

机会是给有准备的人——李雪健

雪健和海丹,是我在空政话剧团的老战友。我们二十几岁就认识,是那种提起来就亲、多年不见也不外的朋友。

早年大家都是单身,在军队文工团过着宿舍、食堂、排练厅三点一线的生活。空政话剧团(包括曲艺队)的住地是灯市东口同福夹道四号。听说这座大宅在解放前是大军阀曹汝霖七姨太和曹老太太的府邸。我们刚来时,这里不光有带回廊的园中园,还有一个腰子型的游泳池和两座古朴而美丽的青砖西洋式建筑。砖石间装嵌天蓝色门窗,带有大大的花砖阳台。

那时的文工团属于军队编制。每天早上六点半,随着一声哨响,我们就开始了一天的生活:出操,扫院子,肩搭手巾一同在水房洗漱,整理内务,吃早饭,练功。之后我们脱掉湿透的练功服,穿好军装,夹着剧本,人手一个罐头玻璃瓶,里边有三分之一是茶叶,走进小礼堂或在跨院的树荫下开始排戏。我们这些快乐而充实的文工团员们,一日三餐在一起,或排戏或休息,或为晚上的演出做准备,很少有无所事事的时候。除了星期日的白天以外,没急事

在空政话剧团小灰楼楼梯上的合影,摄于1981年。
李雪健(前排);王贵、方子春、宛萍(第二排);
郑天庸、宋苗、于海丹(后排左二起)

不请假，人人几乎不出院子。在这个军队大家庭里，大家抬头不见低头见，知根知底，很少有秘密可言。可以说，我们不只是那个年代的战友，更是一同走过青春岁月的人。

我是1978年调干进入空政的，一去就分到二队演《丹心谱》。雪健是和大多数人一样以战士身份入伍，进学员班三年后再转正。当时团里在排《陈毅出山》，他们学员班大多在一队跑龙套，演战士或匪兵。那时，团里钻研业务成风，就是演个过场的匪兵甲乙，像李雪健、濮存昕他们也是跑得充满激情。一人饰演数人，一会儿演红军战士，头部受伤；一会儿是匪兵，瘸腿挂拐。记得一队的老队长杨子纯饰演一位国民党老兵，全剧也没两句词，却给观众留下了太深的印象。戏里，老兵见到陈毅尊敬地摘下帽子上前搭话，他这一摘帽子不要紧，露出一个比灯泡还亮的大光头，顿时来了个满堂彩，一下子把戏全抢走了。为了这么一个小小的角色，杨子纯愣是把自己的一头浓发剃了。有这样的戏痴队长，自然就有李雪健、濮存昕、王学圻等后来成腕的学员。

现在回想，我在空政七年半竟没和雪健正经交谈过什么。当时我们四个调干人员不和学员班住在一起，他们住后边的小灰楼，我们住前边办公室的二楼两侧。大多数的年轻人都分在了演员一队。每次当我往食堂走时，都会见到一群充满朝气的年轻人一边贪婪地吃着饭，一边热烈地讨论着什么，笑着，闹着，不知疲倦。我们演员二队就不同了，老同志多，比较严肃。同为年轻人，我真是从心里羡慕他们。在这些年轻人里有两个人表现突出，特别踏实：一个是我的老同学濮存昕，一个就是李雪健（那时大家都叫他学健）。他俩给我的印象是没开口先三分笑，从不张扬，勤奋好学，善解人意，还十分勤劳。每天吃过饭，他们都会积极主动地帮着食堂的工作人员洗碗扫地，干得热火朝天，从无怨言。当时我觉得共产党员就应该是这样的人。于是，我写了人生唯一一份入党申请书，并悄悄地交给了李雪健。没两天，大家都知道我交了入党申请书，队里派一名我们队的党员同志负责我。我这才明白，入党介绍人不是自己选而是党组织指派的。从我要求入党那天开始，我发现自己浑身都是改不完的缺点，那段时间我很沮丧，所以很快我就决定不入党了。于是，我从浑身都是缺点的人重又变回了可爱的春姑娘。

我真正了解雪健是从1980年空政排演多幕话剧《九一三事件》开始的。这部戏是空军鬼才作家丁一三的大作，由团长王贵执导，第一次把众多的历史人物以及"文革"前后的历史事件以多幕剧的形式搬上舞台，用一位历史见证人把一次次事件串联起来，勾勒出一部完整的"文革史"。这在当时真是非同小可，震惊全国，因为在那之前根本没有人敢正面提"文革"。这部戏首先给化妆师小马出了个艰巨的难题，他没日没夜地琢磨毛泽东、周恩来、刘少奇、江青、叶群、彭德怀、林立果等众多人物的造型。不停地试妆，修改，再造型，再推翻，甚至从头开始。演员用功，化妆用功，服装用功，眼看着一个个人物越来越接近了，戏也越来越成熟，可有一个人物一直到不了位，这就是《九一三事件》的核心人物——林彪。

林彪这个人物当时团里想借中戏的李保田，他瘦小的体型和娴熟的表演技巧是林彪的不二人选，但由于他业务繁忙，一直没露面。这可急坏了化妆师和导演。李雪健此时也在这个剧组，他依然比大家来得早，每天第一个打开排练厅的门，开窗通风，擦灰，拖地，打开水。排到林彪的戏时，不能空位吧，他主动帮着走一走林彪的位置，对对戏。说实话雪健在团里属于形象平平、业务也不算出众的，随时面临着转业，谁也没想到他能演林彪。可他是个有心人，就是替保田走戏也要走出模样来。那会儿，他整个人就像着了魔似的，说话、走路、回身、表情、整个姿态都是林彪似的。常见

话剧《九一三事件》剧照，李雪健饰演林彪。

机会是给有准备的人——李雪健

他在院子里来回溜达，倒背着手，凡人不理，一脸阴沉。为了饰演林彪，他可没少下功夫。有事没事常在半地下的化妆间和化妆师小马一起研究人物的造型。他们对着林彪的照片，一会儿往雪健脸上贴点儿这个，一会儿又往他鼻子上粘点儿那个。可左看右看还是不太像，哪儿不像呢？头发！林彪是个秃子，雪健一头浓发，要是能把头发剃光……小马真不好意思开口，人家雪健是替保田，又不是他演，让人家剃头，太那个了。倒是雪健，没二话，时间紧任务重，对小马说，你就拿我试，剃！

彩排的时间到了，当瘦了一大圈的李雪健出现在舞台上时，震惊四座，活脱一个林副主席！功夫不负有心人，雪健用他的不懈努力，一举夺得戏剧最高奖"梅花奖"，荣立个人三等功，连升三级。机会是给有准备的人，这句话在李雪健身上得到充分的体现。

雪健就是这样，外表看起来随性有礼，甚至有些蔫蔫的，放人堆儿里第一眼看不见，但骨子里却是有着一份执著和坚持的人。他干事不惜力，从不马虎，包括追海丹的过程，也是旷日持久，但他从不放弃，默默守着，终于守得云开见月明，事业爱情双丰收。

我们两家后来也是越走越近。雪健和海丹结婚比较晚，那时有个煤气罐比登天还难，他们俩都是军人，自然没有办法很快弄到，生火做饭是不可能的，只能整天吃食堂。他们结婚时我已有孩子，所以单位发点什么蛋啊油啊，他们就都让给我。

记得那年，我们团正在演出话剧《火热的心》，雪健饰男主角朱伯儒，我饰他妻子秦丽娟，下部队到四川演出了三个半月，刚刚回京。雪健的母亲从贵州来看他们，正赶上团里分鱼，海丹照例领了鱼给我送来。那个年代，能吃上点儿鱼，也不是太容易的事儿。我心想人家老母亲来了，总不能让老人家顿顿吃食堂吧。所以我就把鱼做好了，趁热端到他们六楼的家。按过门铃，雪健的母亲打开了门,我说:"鱼好了,给您端过来了,您趁热吃。"老人家一愣,转头问跟过来的雪健:"她是谁啊?"雪健应声答着:"她啊,我媳妇。"老人家顿时惊着了。看到老人家愣在那里,雪健赶紧补充道:"这是我戏里的媳妇。"大家笑做一团。

我是个花钱没数的人。那个年代我一个月也就八十六大元人民币,每个月夫妻俩发了工资,除了柴米油盐、孩子的奶费等花销就所剩无几了。一次团里发了工资,海丹对我说:"走,咱俩逛街去。"我一听兴高采烈地结伴而行,那逛的一个痛快。晚上先生下班回来问我:"工资呢?"我翻翻兜,才发现工资的一半居然都花完了。先生并没多说,可想到当月孩子的奶还没订,鸡蛋、粉丝什么的也都没买,这下自己也傻了眼。从此我就被剥夺了家里的财政大权。每次单位发东西,要象征性地收个三块五块的,人们就经常看见我站在院子里,对别人说:"您先借我点钱呗,晚上等我先生回来,我就还您。"我这人还特别马大哈,有时候就忘了还。一次跟海丹借了三元钱,事后就忘了,过段时间海丹来找我:"你还我三块钱,你上次买鸡蛋借我钱还没还呢。""真的?!我忘了,苗子回来你提醒我。"呵呵,我们那个年代就这样,借钱的、讨债的都不会不好意思。

不光我跟海丹不见外,雪健跟我先生也是好友。雪健人很谦和,即使获奖成名之后,也低调做人从不张扬。雪健和海丹在家里,海丹是大拿,家里家外让海丹收拾得干干净净,管理得井井有条。雪健呢,就不是那么太认真,看孩子的时候,常常拿份报纸坐在台阶上,任儿子自己玩,有时老远看到我们,会先点头笑着打招呼,十分谦和。有一阶段他偷偷把孩子和家务扔在一边,躲到我家与先生下围棋,惹得海丹很是不快。一次我刚进院子,迎面遇到海丹,海丹一见我就抱怨:"你赶紧回家瞅瞅吧,李雪健又躲到你们家了,孩子也不管,家务也不弄!我也不管了,你快去说他去。"我一听也急了,还没进家就开始嚷嚷:"雪健,你怎么还在这里,海丹都急了,回家。"雪健一听,不等我再赶他,二话不说,弓着腰,倒退着往门边走,嘴里还念念有词:"我走,我走,我现在就走。"此后只要他看到我回家,都不用我多话,就立刻起身,倒退到门边,说:"我这就走。我走。"

有意思的是雪健和海丹的儿子,也是一个爱往我家跑的人。记得那是李家小儿五六岁的时候,我为一部英国室内喜剧《莎丽》中的女主角莎丽配音。那时,改革开放不久,人们看室内剧尤其外国室内剧少之又少。北京台每晚 6 点 05 分开播,25 分钟一集,正是家家吃饭的时候,收视率很高。海丹无意说起莎丽是我配的音,这使李家小儿对我产生了极大兴趣,从此只要见到我,他就叫我"莎丽"。

后来,我们先后都转业了。开始还都住在一个院里,但各自都忙,见面的机会少了。这时的雪健名气越来越大,不过,就算成为

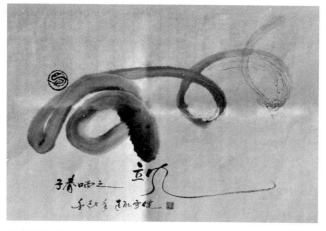

李雪健的画作。

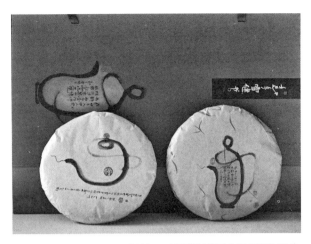

癸巳年,李雪健以蛇画出了象形的茶壶。

名人大腕,不管多大的场合,只要看到我,就算特别远的距离也赶忙打招呼,生怕让人觉得生分了。

再往后,听说雪健病了,一直和他们关系不错的我反倒没有去看他。我们团的宫景华和雪健两口子关系也很好,在《鼓书艺人》中宫景华饰雪健老婆。一日宫景华约我去看雪健,我却拒绝了,我对她说:"听说海丹不让人去看他,肯定有她的苦衷和原因。咱们别添乱,如果需要我们帮忙的话,她找我们,一定在所不辞,那时再去不迟。"前段时间北京台有个对雪健和海丹的采访,在采访中从雪健口中证实了我多年前的估计,那时雪健的病因怕感染细菌不能接待访客,但很多人当时不了解情况,因此得罪了不少人,后来大家才慢慢了解,深感海丹对雪健的情意。看着屏幕里的海丹,明显消瘦了,她身体本来就不好,为了照顾雪健,这些年更是殚精竭虑。听着海丹的字字句句,我的心已经湿了。我们之间还是那样:多少年不见面,不用说客气话;多少年不见面，心是相通的。

　　话说去年，濮存昕的女儿结婚，自然给我们这些老战友提供了一个见面的机会。在那里我遇到了海丹，大家亲切地坐在一起，开心地聊啊聊，有说不完的话。婚礼结束，我依然麻烦她帮我把我的公婆送回家，想客气一下吧，海丹说："呦，你还客气上了，我不送谁送，这是应该的，怎么客气上了。"是啊，在我心里他们永远是自己人，什么时候，见不见面，都亲！

　　几天后我给雪健和海丹以及他们那个长成大小伙子的儿子寄去了两本我和先生写的书《谁在舞台中央》。他们知道我属蛇，2014年正好六十岁，特意为我画了一幅蛇的画，并把雪健蛇年定制的送亲朋好友的普洱茶送了我一套。每当我的目光划过这珍贵的礼物，脑海中就不停地闪现着我们曾经走过的青春岁月，回忆起我们的风华正茂，感念今天的美好时光。

完美无瑕的潘虹

我们这行流动性很大,一年几个戏,大半生下来不知要遇到多少人,多少事儿。可我最想遇到的有两个人:一个是潘虹,一个是斯琴高娃。她们与我同属一个年龄层,拍过很多戏,获过很多奖,但你从来都看不到她们趾高气扬,相反却在圈内口碑极好。

我曾经与潘虹同在一个剧组,因为没有同场戏,总是擦肩而过,缘悭一面。可从制片人到导演,从演员到化妆师,凡是与她合作过的,无人不夸,实属难得。今年运气来了,潘虹与我同上一部叫《保卫孙子》的电视剧,剧中饰演儿女亲家。

潘虹比我小一岁,在工作和生活中都是个讲品质的人。演戏时极其认真,生活中也一丝不苟。她喜欢品牌,吃的穿的都要有品位,同样花钱,宁买一件像样的,也不买三件不上档次的。用她常教育我的一句话就是:对自己好一点。

我与潘虹第一次见面,好像是在化妆间,只记得她微笑着,慢慢谈起之前与我哥的合作。我哥不爱说话,候场时常一个人坐在一旁静静地摇着一把写着"有主了"的大扇子。当时,潘虹坐在不远

方子哥送与潘虹的扇子。

处,用美丽的大眼睛看着他悠然自得的样子很是羡慕,方子哥转过头来,闷声闷气地问道:"想要吗?"潘虹点点头,于是没费吹灰之力,在那炎热的夏季,这把大折扇,就由闷葫芦似的方子哥奉送给了不爱扎堆儿的潘虹了。听了潘虹的叙述我立马拿起我和我先生写的《谁在舞台中央》送给潘虹。她又笑了,笑得那么好看,她说:"你们兄妹都送给我东西。哥哥给我自己画的扇子,妹妹给我自己写的书。谢谢。"

之后的日子,她没有正面说过看了书之类的话,只是有时会提到书中的内容或某个我写过的人物,我知道她认真看了。前不久,于是之过世。她听说后马上到书中寻找是否有关于于是之的段落。当她问起为什么没写时,我解释是因为于叔已在病榻多年,不能谈话了,对老年人我没有探访,怕不能准确表达。潘虹当时感觉多少有些遗憾。

和潘虹的合作是愉快的,不仅因为她与我哥合作过,又因我们有一个共同的朋友,就是北影集团的副导演默默,她与我和潘虹都是几十年的老友,所以我与潘虹一见如故,十分亲近。潘妹妹信佛,十分虔诚。不管多忙,要起多早,也要净手上香。为了不耽误太多时间,她就在焚香之时边自己化妆,边还为助理、司机以及自己准备早饭。潘虹是个认真的人,一天睡不了几个小时,大概四点半或五点就要起来了。她总是提前到化妆室与在座的诸位问个早,同时让化妆师和梳妆师为她稍做整理,与诸位说着一会儿见,人已快步而出;有时比大队到现场还早,坐在车里静静等候。我们这部是现代戏,古装戏她出工会更早。我从没见过潘虹错词,她永远心中有数,因为每天收工不管多晚,她都把第二天的场次准备好,即便头天改过的戏也要对好场次,把新改的飞页加在剧本应该在的位置上,把前后的戏理顺,看看服装是否接戏,一切准备停当才去休息,否则心里会不踏实。其实大多数的老演员都有这种良好的习惯。

潘虹不是喜形于色的人,更不会把亲哥哥、蜜姐姐之类的挂在嘴上,她不是"亲爱的,亲爱的"叫个不停的人,她是那种让你感到把你放在心里、记挂着你、会时不时让你惊喜、让你感动的人。开机没多久,潘虹发现我喜欢吃小点心,尤其是上海老字号的西点。于是,就在回家的时候去离她家不远的凯司令为我买各色各样的小点心。知道我有糖尿病,就让店员挑不太甜的,还要嘱咐我慢慢吃,别贪嘴。知道我最喜欢哪种,前边的还没吃完新的又带来了,连我们的两个助理也沾光,大家都有的吃,真是让她破费。点心总有糖我不能多吃,后来潘虹改送水果了,她总是考虑到我的身体,买些草莓、木瓜等等我能吃的送过来,当然我也送些好吃的给她。在与潘家妹妹的你来我往中,上海阴冷的冬季也随之温暖起来,使不在家的日子感觉好过了许多。

戏拍到后期时，我大块儿的戏已基本拍完，只有些散戏，而比我多一百场戏的潘虹正是较劲的时候。一天我们正好在化妆，接到母亲的电话，让我从上海的城隍庙带一把篦子给她。上帝，我们当时住松江，离城隍庙太远太远，而且还不知到那边是否能找到。没想到第二天，潘家妹妹却举着梳子来了。她说昨天回上海家中取服装（这次她的服装全部自备），助理小林要吃正宗的上海汤圆，她想着我妈妈要买篦子，就转道去了七宝老街。小林吃上了正宗的上海汤圆，潘虹又一家一家为我老妈寻找篦子。看了几家不满意，最后买回一把绿的老式篦子。听着潘家妹妹叮嘱着我这绿檀不能晒，一晒变黑，这绿檀不能碰水，湿了会变形，这篦梳就算她送给老母亲的……听着听着眼泪竟在眼眶里直打转，一滴泪珠悄悄渗出了眼角，我心里着实感动了。你说这人和人怎么这么不一样呢？我偷偷拭去泪珠儿，微笑地回过头，真心谢过潘家妹妹，拨通了母亲的电话……

潘虹和方子春，电视剧《保卫孙子》的工作照，2013年。

潘家妹妹就是这样时时处处为他人着想，她对跟了她几年的助理小林就像家人一样。有一次，因工作上的事潘虹很纠结，向小林发了火。之后她当着大家的面对小林说："小林，你要大度一些。你说我都要崩溃了，又不能对着别人发火，你是自己人，只能冲你喊，请你不要和我计较。"我在旁边听着，心想，这就是潘虹！现在有多少小明星屁都不是呢，整天对助理"脸不是脸，鼻子不是鼻子"地耍威风，还是我潘家妹妹啊！不是小林没有错，而是为自己的一时失态当众道歉。想想潘虹这么大腕，年龄也不轻了，全剧四百多场戏，家中母亲大病初愈要她照顾，每天工作又十分紧张，偶有冒火的时候无可非议。潘虹不到万不得已从不说硬话，有时找不到助理时她会用宽厚的女中音唤道："小林，你在哪里，回大连了吗？"（小林是大连籍。）后来每当找不到人时，大家都会学着潘虹的话问道：某某某，你回哪哪哪了吗？

虽说荧幕上的潘虹常常不苟言笑，但生活中她却是个不折不扣的幽默高手。比如，我这次的助理是经纪公司配给我的，叫颖颖，是个可爱的90后女孩，有着胖胖的脸蛋（也不是很胖啦）和两颗白白的小门牙（也不是很大啦）。姑娘爱美，总是把嘴闭得紧紧的，一副严肃的样子。你想想，我们拍个戏少说要两三个月，工作那么紧张，人们一天到晚在一起，不找点乐子哪行啊！我们组有个摄像叫张川，长得瘦小，人称"猴子"，绝顶聪明又幽默至极，话不多，但心很细。也许因他自己有一口四环素牙，就对牙齿格外注意，惹得摄像组的四个"坏小子"，一天到晚总和颖颖的门牙过不去。一日，我们围在一个长条餐桌旁准备下一场戏。张川对桌子那边的颖颖说：看我，给你照张相。说着举起手机对着颖颖来了一张，颖颖也配合着摆了个pose。张川自己欣赏着照片，一本正经地说道："真好看，方老师您看看，漂亮！"我拿过照片一看，笑喷了，手机上是只可爱的土拨鼠。

颖颖不明就里，自己拿过照片一看，又羞又恼。张川的一顿暴捶是必然的了。过了一段时间，一场戏拍完我和潘虹停下来等大队，闲来无事我把"土拨鼠照片事件"讲给潘虹听。她听了一定要张川把照片调出来给她看看。这一看，平日端庄含蓄的潘妹妹放声大笑。这一笑可收不住了，什么时候想起什么时候笑，就是半夜想起也要咯咯地笑出声来。她的笑也改变了颖颖，本来此事让颖颖又羞又恼，而潘虹告诉她："你看这土拨鼠多可爱呀！看这牙，这个脸庞，真的好像你！其实，很多人都喜欢把自己比作一种动物，包括中国的十二生肖，你不妨就把它放在手机上……"潘妹妹真心地开导着颖颖，使颖颖开心起来。从此至杀青结束，潘虹与颖颖打招呼的方式已由一般问候改为对着做土拨鼠的表情——这个只属于她俩的特殊问候礼了。

潘虹的声音很有磁性，在表演中有自己特定的语言结构，而且很有爆发力，是不可多得的好演员。记得拍摄《保卫孙子》时，戏中的内容是小两口要闹离婚，几个老人轮流苦口婆心地劝阻。只见潘虹不动声色，缓缓道出："在我们家，绝对不允许提'离婚'二字。"声调不高，却掷地有声，场面瞬间安静下来。谁知，她突然提高八度："拜托！"宽阔的女中音回荡在室内。负责收音的小伙子举了一天收音杆，本来已经昏昏欲睡，这一刻，猛然惊醒，大眼圆睁，收音器上的羽毛都跟着"花枝乱颤"。小两口看在眼里，都忘记自己在戏里了，绷不住，笑出声来。我一开始不明就里，还批评他们搭词不认真，待看到录音助理大梦初醒、惊魂未定的样子，也不禁笑起来了。

潘虹从不参与剧组里的是是非非，不管多好的朋友，她自己对事情有什么样的看法，她绝不评论，甚至不直接说安慰的话。但不管是在生活中,还是剧组里,她都有容人之量。只要工作需要,她就算心里有些打鼓,也还是会毫不犹豫地去做,而且面上从不露出焦躁之意,反而说的都是鼓励安慰的话。有时候碰到搭档出状况,一直 NG,她也绝对不会敷衍了事或者发脾气不耐烦,而是很体谅很贴心,让合作者很放松。我真心爱上了潘虹,但杀青之时,我们却几乎吵了起来。我们之间最后的对话是这样的,她高声说:"你神经病!"我头也不回地答道:"我就神经病了!"事情还得从头说起,记得那天下午,组里兵分两路进行拍摄。主创基本归那个组了,我们这组无导演,无摄像,只有一灯光老大和一灯助,外加剧照师和六位演员。剧照师按导演事先布置的旨意用单反照相机拍摄。这真是老虎不在家,猴子称霸王,我们自己说戏,学着执行导演带咽音的河南腔高喊:预备——开始!这杀青戏拍得那叫一个兴高采烈。潘虹说:"今天停机饭,我本来也不想去,可晚上我还有补录,所以要参加。咱们都去吧。"人们应着声,只有我没说话。潘虹又说:"子春要去啊。"我头也不抬硬硬地回了一句:"我不去!"潘虹纳闷道:"干吗不去?去!听到没有!"之后,我们就在去与不去之间你来我往,大家也开始七嘴八舌参加劝说。我有点儿要急了。潘虹没想到我这个还算随和的人怎么突然倔犟起来,"不就是个停机饭嘛,至于嘛,也太不给面儿了!"我虽然一直没正脸看潘虹,但能感觉到她也有些急了。就在我走出房间的一瞬间,我听她对着我的身后大叫一声:"你神经病啊!""我就神精病了!"我边说边离开了现场。

其实我怎么会不知道潘虹是一番好意,她拉我去吃停机饭就是想在这寒冷的冬季里,在春节将至之时,让我们这些来自天南地北的人们,这个在一起共同奋战了八十三天的大家庭能一个不少地和和睦睦地吃顿饭,为这次相聚画个圆满的句号。但她不知道我几乎从不参加什么开机、停机、剪彩、庆功之类的活动，万不得已也是坐坐就走，何况此次有不见之人呢。只是此番苦衷无法向她道出。如果这将是我们之间最后的对话，我哭的心都有！我的90后小助理平时不算能干，此时却十分贴心。事后她主动站在大堂门口等着潘虹，看到潘虹走过来一个劲地替我向潘妹妹说好话。最终潘妹妹笑了，她说："这顿饭没春儿好像少了什么，不热闹。"她又笑着说，"告诉子春，我生她气了……"对我来说，她说什么不重要，重要的是她笑了，怨我也罢，恨我也罢，只要她笑了，我的心总算放下了。

  我喜欢看潘虹笑，她的笑是那么恬美，像她的心灵一样干净美丽。如果问我对潘虹的印象，我会毫不犹豫地说，也许潘家妹妹有这样或那样的缺点和不足，但在我眼里，潘虹是一位优雅得近乎完美的女人。在这纷乱浮躁的名利场中打拼多年的她，能做到似荷花出污泥而不染，似翠竹及凌云处尚虚心，实属不易！

宋姐春丽

"宋姐"几乎是春丽的官称,连比她大好几岁的丁荫楠导演都这样称呼她。回想起来,我和宋春丽认识怕有三十多年了。想不起第一次见她是在什么地方,为什么事情,只记得我们好像是通过导演苏克认识的。她有舞蹈演员的身材,喜欢穿长至脚踝的裙子。她把裙子高高系在上衣外边,显得格外修长,亭亭玉立。

在众人面前她开口不多,绝不是第一个说话的人,但是,这并不代表她不能聊。如果问到她什么,春丽总是用清澈的大眼睛望望你,微笑一下,回答问话的声音宽厚自然不扭捏。春丽给人的感觉是一个十分得体、朴实自然的人,这种感觉一直保持到现在。在这三十多年的岁月中我们几度合作,加深了彼此的了解,使我更加喜欢她,喜欢她的戏,喜欢她直爽的性格,喜欢她敢于亮明观点,也喜欢她对工作的认真态度。

一

　　春丽和我哥方子哥是好朋友，多年来他们的合作比我多。那年我们兄妹在旅顺拍摄安战军导演的《成家立业》，主演是宋春丽，这让我很开心。当年看宋春丽主演的《风雨丽人》时，我就觉得她的戏特耐看。记得有一次我和她说："真没想到你把这个人物演得这么好。"春丽笑着回道："你早该想到这么好。"哈哈，这就是我们之间的说话方式，两个都是直来直去的人。这次同拍《成家立业》，虽然我只有十几集戏，却让我近距离地感受到她炉火纯青的演技以及对艺术的执著和做人的态度。

　　记得那是我将杀青前的最后一场戏。宋春丽饰演的赵淑兰到医院来看我饰演的郑佳珍，两家人本是好邻居，因"文革"中的恩怨已多年不来往。赵淑兰听说郑佳珍病重之后心里惦念，就悄悄来医院探望。这是我的重头戏，是作者借我的口说出两家的恩怨以及表达遗愿。安战军是个非常好的导演，他从爱惜演员的角度出发不让演员在带机走戏时动感情。演员往往为了一场感情戏，要提前很长时间做好心理准备，在戏拍完之前，演员会一直处在人物的状态中，需要精神高度集中。此时我与春丽已把内心推得很满，机器一开，我这个行将就木的人，对一直盼望见到的邻居诉说着憋闷已久的话，眼泪不觉夺眶而出，声泪俱下。而春丽坐在我的病床前，静静地听着，泪水也成串地往下掉，在她的眼神中我看到深深的痛苦和同情。"咔！我不是说走戏吗？你们怎么动真格的了，过！"重场戏竟没有真正拍摄导演就这么过了。我们的戏搭得如此之顺，情感与台词不是表演出来的，而是从压抑了很久的内心深处喷涌而出，是自然地表露，是流出来的。正是因为演员准备充分，表演时相互给予，戏才会如此严丝合缝。常说："对方一出手，就知有没有。"有了好的对手，戏不感人都难。表演时尺度控制在七八分，给观众留一定的想象空间，可内心要有十二分的饱和度，这戏才好看。在播出时这场戏果然得到好评。

两年后我们在俞钟导演的《独刺》剧组又相遇了。这次见到春丽，觉得她瘦了，她在剧中担任女一号，戏很重，北京家中老伴又生病了，有许多事等着她处理。可我们身在重庆，她走了便无戏可拍，她是两边脱不开。分身乏术的宋春丽，心里着急，体力超支，终于病倒了。一日，我化好妆，抽空到宾馆门口去吃小面，正好遇到春丽从接她的车上下来，人摇摇晃晃的。我赶忙搀了她一把，扶着她快瘦成麻秆的胳膊，捏捏两只冰凉的手我很是心疼。她扶着我，在大堂的沙发背上靠着休息了片刻，弱弱地告诉我，她一夜没睡，除了突发的病痛，腰的老伤也来凑热闹，疼得站不住。我看她脸色苍白，劝她先去医院，实在扛不住就歇一天。她摆摆手，说，还是先上楼化妆吧，别让大伙等着，不能窝工。之后，组里给她买来护腰和药，春丽就这样腰上绑着腰托，吃着大把的药坚持拍摄，一场不落地把戏撑下来了。这使我想到，认真、坚持就是她在部队走过五十年岁月练就的性格。

二

在人生这个舞台上，除了是女人和演员以外，宋春丽还有一个形象，那就是军人。在她身上总透着一股别人没有的英气。这个瘦瘦的女人身体里似乎有股使不完的冲劲。这种来自骨子里的认真，这种不服输、对自身要求苛刻的冲劲伴她至今。

宋姐春丽。

宋春丽出生在北京，祖籍是河北蓟县，父亲十二岁上跟着爷爷到京城做木工活为生。母亲出生在一个殷实之家，九岁丧父，不多的产业被亲戚分光。在母亲残破的记忆中，最多的是姥爷的知书达礼，还有逢年过节时乡亲们上门讨要门楣对子的热闹情景。如果说，住在大杂院的宋家对文化尊崇备至，根源也许就来自于姥爷喜好舞文弄墨的家风。

到了春丽这辈，她是家中唯一的女孩，上边还有一个哥哥。家境并不宽裕的宋家十分注重家教，文化程度不高的母亲从小就告诉孩子们：要用功读书，本事是自己的；人不能小气；吃亏是福。这也许就是平常人家的家训吧。

十三岁那年宋春丽参了军，离开了这个大杂院中小小的家，只身从北往南来到了广州军区歌舞团，成为了一名舞蹈演员。一个北京小姐初到广州，一切都让她无比好奇。但她的兴趣点与一般女孩不同，别人上街逛商场，小小年纪的她逛旧书店，别人练功有松懈的时候，她从当兵那天起就不知疲倦。宋春丽当兵第九天就打起背包下部队拉练，一个十三岁的女兵娃子穿着肥大的军装，背着行囊，努力迈着大步，连跑带走地跟在队伍里。她告诫自己，千万别掉队，要认真学习、努力工作，改造世界观，做党和军队的好女儿。听我这么说你想笑吧？别笑，一个时代一个活法。60年代就是这么要求的，那个时代的人真就这么想、这么做的。她在团里严格要求自己，不光在政治上、业务上严于律己，文化课上也绝不放松。春丽从小注重学习，她不光看名著，还读诗写诗。十三岁时写的那首《歌颂祖国》的诗被抄在黑板报上，老同志在下款特意标明：作者宋春丽（十三岁）。这也许算春丽的处女作吧。因她在各个方面表现突出，当部队整编、人人转业之际，十八岁的她调入广州军区话剧团。

《成家立业》剧照,宋春丽饰赵淑兰,方子春饰郑佳珍,2009年。

电视剧《独刺》剧照,宋春丽饰宋怀珍,方子春饰保姆,2011年。

在歌舞团时春丽只知道努力用功，到了话剧团她发现了差距——自己知识面过窄，文化层次太低，别人说话她听不懂，搭不上话甚至羞于开口。常说初生牛犊不怕虎。要强的春丽不会安于现状，她像海绵吸水一样地开始学习，她要在最短的时期内赶上大家，从此她披星戴月开始了孤独奋斗的日子。每天五点半当星星和月亮还没从天空完全褪去，春丽就起床了。她跑到离驻地最远的地方开始练功。七点回驻地吃早饭，七点半开始上班，练功，排戏。中饭后别人睡觉，她来到传达室看报纸，一个十几岁的孩子有很多东西看不懂，但她要看，多读多看才能懂嘛。下午继续上班，晚饭过后是春丽一天中最惬意的时光。军区文工团的大院是那么幽静美丽，她可以散散步，看看书，写写日记。当星星和月亮又挂在天空时，只有楼道顶头窗户的灯光与它们相望，窗内那不变的位置上永远坐着一个瘦瘦的姑娘。她对中国古典文学有一种偏爱，伴着星星练小楷，对着月亮读格律，静心伏案竟抄写了全本的"王力诗词"……这一切让她受益匪浅，即使现在人们也能从她的文章中看到当年的功底。

那时宋春丽每月的军人补贴是六元七角五分，她给自己留下一元七角五分，买些生活必需品及旧书。存五元钱，每两月定期寄十元钱回家给妈妈贴补家用。现在看十元钱不叫个钱，可那时对宋家来说可顶了大用。宋家妈妈接到汇款单总是自豪地逢人便说："我闺女又给我寄钱啦。"宋家妈妈日子再紧巴，也不吃独食。就是家里吃个差样的，包个饺子也要给邻居送过去一碗。春丽同样不吃独食，有个辣椒酱菜、茶叶水果也拿出来分分。其实，东西不在价值多少，送出的是情分，分享的是快乐。这是吃亏是福的一种表现吧。

1978年，对宋春丽来说，是人生中的一大转折。此时她已结婚，与搞音乐的爱人两地分居，他们多想像其他夫妇一样过上安定的生活。这时广州团里也同意放人，于是年轻的夫妻俩为春丽的回

宋春丽静心伏案竟抄写了全本的"王力诗词"。

京开始了艰难的奔走。记得有一天晚上，北京下着瓢泼大雨，长安街上的积水没过了自行车轮子，春丽夫妇迎着暴雨一边骑着自行车一边唱着样板戏。雨水被自行车前行的轮子搅得哗哗作响，泛着水花，他们从中央音乐学院赶到和平里办事，两人到了目的地浑身上下没一处干地方。虽然找工作很难，因心中充满希望，不光不觉苦，还有一种苦中作乐之感。他们和那时期调动工作的年轻人一样，夹着自己的资料一家家地走着，渴求的目光一次次闪亮又一次次熄灭。他们想着只要能回北京在一起，改行教书或干一些相关的工作也可以。但命运之神笑了笑，说：不可以！就在春丽二十八岁那年，命运之神挥了挥神棒，给了她机会。

长影厂有个戏找到她，这只是个配角，但对春丽来说却是一次难得的机会。春丽一一敲开老同志的门，向每位前辈虚心请教。电影的台词怎么读，戏的尺度如何把握，什么叫镜头，拍电影都有哪些要注意的地方……她出色地完成了这个人物，引起了厂里的注意。机会是给有准备的人的，不久宋春丽第一次饰演女一号的机会真来了。这个电影的名字叫《奸细》。她在这部戏中的出色表现奠定了她在影视界的基础，从此片约不断。而在一部部戏的拍摄过程中，她越来越感到电影艺术的博大精深，越来越觉得作为电影演员的自己不了解电影。

有一次，导演吴贻弓找宋春丽上一部电影，名字叫《姐姐》。戏中只有三个演员，在跟随主创人员体验生活时，大家坐在一辆面包车上外出，素来低调的春丽坐在车尾的角落里。车里来自上影的工作人员谈笑风生，过了好一会儿，吴贻弓导演发现只有宋春丽一言不发，于是便问她："为什么不说话呀？"这一问不要紧，春丽竟委屈地哭了，她边擦眼泪边回答："我听不懂上海话。"吴导一听，忙哄她："别哭鼻子，小宋听不懂上海话，今后有小宋在场大家都必须说普通话啊。"其实春丽哪里是为听不懂话而落泪，她是为自己懂得太少，无法与大家交流而难过。此时她告诉自己，路只有一条，学习！

人不信命不行，就在宋春丽对知识充满渴望的时候，电影学院明星班招生。她知道消息时报名已经结束，是厂里有人不去了，名额才给她。接下来只有二十天时间准备文化课的考试。一切家务先生全揽，又帮她请来各科老师，宋春丽拿出拼命三郎的劲头，关在小房间里没日没夜地学，最终凭自己的能力走进了电影学院。一个离开学校多年的人，不易呀！

春丽抓住了这来之不易的机会，如饥似渴地学习了两年，她不翘课，不走穴，踏踏实实做学生，毕业后她演了两部戏。一部电影《鸳鸯楼》让圈里知道有个宋春丽，一部电视剧《便衣警察》让观众认可了宋春丽。成功后的宋春丽不翘尾巴，继续她的一贯作风，认真对待每一个角色。有次我们私下聊天，春丽对我讲过这样

考入电影学院的宋春丽,1985年。

一段话,我特别赞同。她说:"我明白一个道理,一个演员要抓住生命中的每一个时刻好好学习,要自己积淀。演员千万别把自己当腕,你现在再红也别把自己当腕!演员别把自己放在象牙塔里,演员演的是人。我有今天的成绩,得益于大杂院,得益于父母不是文化人,他们给了我接地气的东西,可以说包罗万象,有老北京遛地摊、走天桥的东西,也有大鼓、相声、梆子,什么都学、都看。演员千万别显摆自己,要向人物靠拢,也许机遇就在只有几场戏的小人物中。只要有角色,不分大小全接。功夫不负有心人,我就是这么成功的。"这话一点儿没错,她就是一个放下身段、用心认真演戏的人。用她自己的话说,她不是个聪明人,一心不能二用,只要干什么事就满脑子就这一件事。

也许正是这种专一的态度,才使她塑造的每一个人物都不雷同,都有光彩。还记得她在电视剧《红岩》中饰演的江姐吗?这个戏春丽可吃了大苦头。一日,《红岩》剧组在重庆渣滓洞拍江姐受刑的戏。人们把宋春丽像当年吊江姐一样，双手向上吊在刑讯室中，身上脸上做满了受刑后的伤和血，美工四处放烟饼，昏暗的灯光下一片当年的阴森。一声"开始"，魏吉伯高叫着"江竹筠！说不说？不说，给我打！"皮鞭像雨点一样下来，水泼在脸上让人喘不上气，春丽用尽力气像江姐一样大喊："滚！"又是一阵皮鞭……"停！"随着一声停，导演何群（人称何爷）跑过来，抱住被吊打的春丽说："太好了！姐姐再来一条。"春丽没二话，再来。于是左一条右一条，刑讯室狼烟四起，刑具声、叫嚣声响成一片，春丽始终保持着情绪，声嘶力竭地对"敌人"高喊着："滚！滚！"从她高昂嘶哑的吼声中听到了不可摧毁的力量。这种饱含激情、高强度的表演没两遍就让春丽透不上气来，只能跑到外边站一会儿，然后再被吊起来继续拍。何爷看着春丽也心疼，但他是个要求完美的人。每当春丽拍完一条，他都会说："好极了，姐姐。"再翻一个高音接着说："再来一条，行——不——行？"导演要来，演员就得来。宋春丽被继续吊着，在皮鞭和冷水中坚强不屈。七八条之后终于听到导演一声"过啦"，筋疲力尽的春丽用她最后的力气嘶喊了一声："你姥姥！"随之眼泪夺眶而出，何爷马上跑上来，想抱住这位为了角色身心已达到极限、几乎要崩溃的老姐。可怒喊过的春丽把压抑过头的情绪释放完毕，快速恢复了平静，她用双手拦着何爷："别别，我身上脏。"何群看着春丽那血肉模糊的样子，高喊"都干吗呐，快给演员擦擦！换衣服！"其实，春丽不是骂何爷，何爷也不是对大家发火，这只是一种宣泄。这样的戏、这样压抑的工作环境和艰苦的拍摄使人身心备受煎熬，精神与肉体都达到了极限。如果没有好的心理素质和职业道德，很难完成，戏也不会好看！宋春丽就是这么个人。虽然这天的拍摄让她终生难忘，但她依然不会偷懒惜力。

导演曲立军通过电视剧《娘》认识了宋春丽，在剧中的十位娘中她表现突出。之后，曲立军再次请宋春丽在他的电视剧《大地情深》中饰演母亲。有场戏是母亲端着枪向前冲。拍摄开始，春丽端着沉重的枪开始冲，边跑边喊："快跑啊！"炸点在四处炸开，烟饼冒着烟，场工向场内抛撒着沙土，一片战争场面。突然，一口沙子迎面向春丽扔过来，不偏不斜正好抛进春丽张开的嘴里，她一下子被闷住透不上气来。此时春丽没有停下来，只能忍着把沙子咽下，继续高喊着："快跑——"那你说，闭上嘴不喊，不喘行不行？别人也许行，宋春丽不行。但凡有一点儿珍惜自己，但凡有一点儿犹豫，好戏是出不来的！所以说，很多好镜头真是演员拿命换来的。现如今，有不少演员为了所谓的"美"而不动心，不敢做表情，用眼药水充当眼泪。老一辈的演员一般学不会，我们不知道自己的心不动，怎能感动人？怎能对得起戏？对得起这个职业和那份酬劳？什么是美？符合人物的才是最美的。

　　春丽接戏一般都比较从容。但接《酒香》这个戏，却是因为救场，没有时间准备。于是，她只好坐在车上看剧本，用吃饭的时间想人物，希望能尽快地进入状态，可直到向山里的现场出发了，她还没找到人物的感觉，总觉得缺点儿什么。春丽心里琢磨着，眼睛不时向车窗外张望，希望能看到什么。咦，她看到路边一位老奶奶，头戴毛帽子，帽子外边又系着一块老式的三角头巾。一身肥大的黑衣裤，裤腿用带子紧绑在脚踝。就是她！这就是春丽想要的人物造型。车刚停春丽马上叫服装准备，帽子临时找不到，就征用制片小伙头上的毛线帽。当春丽穿上像象腿般的裤子和肥大的黑棉袄，再把三角头巾往帽子外边一系，在导演面前这么一站，活脱脱一位关东母亲的形象，导演连声叫好。

　　有场戏，是母亲进城找儿子。天黑了，又冷又饿的母亲好不容易来到城里，上楼一看儿子没在家，母亲孤独地站在紧闭的门前，过道里一束光打在十分无助的母亲身上。那身与城里格格不入的肥大衣裤几乎挂在母亲瘦瘦的身上，显得身体那样单薄。母亲太累了，她把戴着帽子加头巾的额头轻轻抵在墙上。人们看不到母亲的脸，只看到母亲强撑着的疲惫身躯和飘在帽子边上零乱的丝丝白发。一声"咔"之后，工作人员含着眼泪为宋春丽情不自禁地鼓起了掌。这场戏一句台词没有，一个背影竟演得如此出色。宋春丽突出了人物的美，把母亲当时的状态表现得淋漓尽致。这就是好演员！

三

前辈告诉我们，学艺先做人，只是会演戏，不会做人也不全面。我听人们背后这样评价过宋春丽，说她是现如今比较全面的女演员，不管是形象还是做人做事，不管是演戏还是各方面修养，她都能做到让人交口称赞。我说她能做到这样其实就源于她透亮，源于她的一个"真"字。她却说："唉，我是成也认真，败也认真。"她不搞小动作，论事不论人。有时为某个戏、某种观点会在会上直接提出不同见解，她并不是标新立异，只是实话实说。她绝不想因某些原因抹杀了真正美好的、艺术性很高的东西。她这样做是遵循艺术家的良知。这也就是她所说的"成也认真，败也认真"吧。

自古以来文人相轻。现如今，开拍后因种种不可说的理由把戏删减得面目全非是常事，春丽也遇到过这样的情况。怎么办？凉拌。人要能伸能缩。戏被挤了她不生气，笑谈这回自己性价比高了，把剩下的戏认真演好。她是演员，同时也是一名军人。厂里拍《三大战役》时，因为某个部门、某位同志的粗心大意，正在曲阳拍戏的她要从曲阳坐汽车到保定，从保定坐火车到北京，从北京坐飞机到沈阳。人家一句记错了，再飞机、火车地往回奔。为某场送行的大场面，跑去南京，等啊等，一直等到收工。一问，你不用拍了。一个月中竟有三次这样毫无作为地瞎跑，心里也气，但作为军人首先是服从，单位的工作是第一位的。还有一次拍《秦始皇》，宋春丽头戴重重的头饰，身穿里三层外三层的古装，一不小心人从高台上摔了下来。可此时不光要继续拍戏，还要在部队的"双拥"晚会上朗诵，这是厂里给她的任务。身上多处伤痛还能忍，可软肋疼得无法呼吸。当兵五十年，是任务就坚决完成。她把胶带绑在腰上，挺起腰板走上台，靠一口气撑着把朗诵完成。可一下场就疼得缩在角落里。几场演出顺利完成了，当往下撕胶带时，因过敏皮肤已与胶带粘在一起，只能一同撕下，疼痛难忍。这就是不要命的宋春丽。

  我说过春丽："你何必呢？时代变了，你何必如此认真？何必如此这般要求自己？"她说："子春呀，我们这代人真的要学习年轻人的自我价值的意识。但很难，学不了，因为受的教育不一样。2011年我在沂蒙山拍《大地情深》不小心滑倒了，摔得不轻，至今落下毛病。但当时马上要过年了，有的人连去法国的机票都买好了，人家嘴上说让我休息休息，可谁心里不急呀？我躺得住吗？只躺了一天就拍戏了。是，时代是不一样了，可拍戏的程序是一样的，是你挂着我，我连着你的，光自己演好成不了好戏，光自己舒服了心里能踏实吗？'人'字就一撇一捺，什么时候都得有个人样。几十年形成了自律的意识，融在血液里了，改不了了。"我听着她朴实的心里话，看着这个表里如一、认真了一辈子的宋家姐姐，不再言语。

  在艺术上，宋春丽这位老艺术家可以"高风亮节"，但在原则性问题上，她从来不隐瞒观点。她担任过很多次评委，她不是举手派，也从不人云亦云，因为始终不忘自己有一份社会责任。在这个浮躁的社会中，能替不认识的人说公正的话太难能可贵了！这让人时刻感到，此人心无芥蒂，光明磊落，着实不易。

结　语

春丽比我大两岁，到了我们这个年龄，对事业、家庭包括情感的态度与年轻时都有了很大的不同。春丽的足迹也不止于片场和厅堂，她要在有生之年做更多有益之事，而她的内心却多么想过一种宁静的生活。这几年她又开始练字了，她依然视书如命。当家里无人时，属于她的美好时光就到来了。她会在洒满阳光的房间里，焚上一炷香，沏上一壶茶，打开一本书，往美人榻上一躺，享受这难得的好时光，这就是她常说的"享受生活，享受书香，享受恬静"吧。

好演员方子哥

在上世纪 50 年代的某年某月某一天的清晨,一个长得比同龄孩子高一头的小男孩儿,穿着幼儿园小朋友统一配穿的圆摆罩衫,从东城史家胡同的人艺宿舍,向南小街的大方家幼儿园独自行进着。幼儿园这种圆摆只挡前胸的罩衫就像个大围嘴,穿在又瘦又高像豆芽菜一样的小男孩身上显得有些滑稽,引来路人善意的嬉笑。小男孩不管这些,他从不理睬别人的看法。充满自信的他甩着瘦长的胳膊,目不斜视地、自信地大步走着。

这就是我哥,我的亲哥,名字叫方子哥。也许从他独立去幼儿园开始,他已开始了自己的人生。面对未来,不管命运如何,我哥永远保持着这份淡定。就是遇到急风暴雨,他始终有股稳当劲儿。

我妈最欣赏哥这稳当劲儿。记得还是在他上幼儿园的时候,一日,他到母亲房间报到,赶上母亲不舒服躺在床上,看见哥进来,就对小子哥说:"乖,你坐这儿,妈妈躺一下就好。"不想妈妈睡着了,一觉醒来,小子哥还一声不响地坐在床边的椅子上,静静地看着妈妈呢。所以,我哥永远是妈的乖儿子,与调皮、不听话似乎不沾边。反倒是我这个女孩子常因拍三角、弹弹球被哥打小报告，害得我在门背后罚站。

从小到大，人们都说，一个娘生的，性格为什么这么不同。大姐子秋温文尔雅人人夸，哥哥子哥闷声闷气话不多，小妹子春也就是我喽，生性活泼，为人热情。用我哥的话说，"我们家的话都让我妹妹说了。"长大后我做了话剧演员，他做了电影演员，我的话还是比他多。

别看我这个肉不唧唧的哥不起眼，不说话的他从艺却很早。记得他大概不到六岁时就和姐姐一起跟着父亲去首都剧场演戏，三岁的我总是哭着闹着要跟去。我记得那是一部捷克戏，叫《仙笛》。也许这就算他艺术生涯的开始，之后似乎人们又淡忘了不吭气的小子哥。

直到他上小学后，在中国儿艺工作的母亲去少年宫做辅导员，小子哥才又出现在舞台上。那时进少年宫是要考试的。哥走进考场，见对面坐着的叔叔阿姨平时对他总是有说有笑的，可今天却突然严

上世纪50年代的兄妹——方子哥和方子春。

话剧《仙笛》剧照（1956年），
方子哥饰演虹吉克。

肃起来，身为考官的他们给他出的什么题目，小子哥吓得也没听清，站在那里竟大哭起来。说来也巧，这一哭正符合题目。于是考官们认为他很有激情，就录取了。从此幸运女神再也没有与他分开。

在少年宫我哥可干过一件"大事"。有一年，少年宫举办夏令营。白天玩了一天的孩子们都睡了，小子哥半夜被小便憋醒，在上铺翻来覆去睡不着，想去外边上厕所，又害怕，叫人陪着去吧，看看大屋里十几个小伙伴没一个动换的。在万般无奈之下，小子哥就坐在双层床的上铺，对着地面放水喽。第二天早上，孩子们起床后惊奇地发现，地上怎么湿了？小子哥也不说话，事情就这样过去了。可几十年之后，哥提起这事，依然能感到黑夜给他带来的恐惧和放水前的无奈，以及放水后的忐忑。哥还有一事，至今让我记忆犹新。在他小升初之时，因那天身体不适又过度紧张，竟晕倒在考场上。就是这么个有点胆小、闷葫芦似的方子哥后来怎么做了演员呢，而且还是多次获奖的好演员！

那要从"文革"开始谈。这场史无前例的"文化大革命",不光触及了人们的灵魂,也改变了人们的命运。方氏一族如遭受了十二级台风,几乎所有亲戚朋友无一幸免,全部受到冲击。孩子们只能各显其能,为生存而挣扎。老高三的姐姐去了内蒙古插队,老初三的哥哥去了东北兵团。记得小学毕业的我和在大学读书的舅舅一起去火车站送哥哥。站上已是人山人海,走的人不知深浅,或许在那个年代虽前途未卜,也不敢表现出悲哀。送行的人大多是家长,人人没个笑模样,忧心忡忡的目光紧盯着就要离开的孩子们。他们的户口已随人离京,什么时候能回来谁也不知道!在那个动荡的年代,谁也不能预测下一刻会发生什么,人心忐忑,大有生离死别之感。很快,汽笛一声长鸣,火车慢慢启动,人们再也压抑不住离别之情,哭喊着亲人的名字,一下子向火车拥去,我瞬时觉得瘦小的身体要被挤倒了,随着锥心的汽笛声挣扎着,哭喊着"哥——呜呜……"我努力伸长脖子想再多看哥一眼,终于在一闪而过的车窗里看见了又瘦又高、穿着破旧军大衣的哥哥。他和车厢里的兵团战士一样,都没有掉泪,把毛主席的红宝书打开放在胸前,面向车窗外的亲人,向着家乡北京告别。而我那一声生离死别的"哥——",与站台前成千上万送别的人们的哭喊声汇成一片,与那个时代每天每趟发送知青的列车一起组成悲怆的奏鸣曲。多年后,与我同去送哥哥的舅舅提起那个声音、那个场面,还感慨万分。

东北兵团的岁月,是哥哥人生中真正走入社会的第一步。在那冰天雪地之中,他干过许多工种,从下大田、挖沙子到理发员、炊事员,从搞科研彻夜不眠到打架恨不得把人打死,几年的工夫把半大小子锤炼成精力旺盛的棒小伙儿。

有件事我至今不忘。那是我在白洋淀插队的第三年,村里流行急性肝炎。知青中年龄最小的我不幸被传染了,可我们不懂,以为

在黑龙江建设兵团当炊事员的方子哥（左二）。

只是发烧。一个星期后同去的大哥哥、大姐姐们才连夜把我送往北京。可为时已晚，我浑身掉黄面儿，人快不行了。当我被人搀进家门时，妈妈见一个黄人站在她面前，吓了一跳，赶忙用自行车推着我去看病。转了几个医院人家都不收，最后总算进了地坛传染病医院。大夫与妈妈谈话，让她做好心理准备。妈妈在那么困难的时候仍有坚强的意志，边受审查边想尽办法为我找来补身子的东西，好在我年轻，这才把我从生死线上拉了回来。出院后，肝炎病人除了静养，最需要的东西就是糖。可那时到哪里去找糖呢？我们的户口早已四散各处，只有妈妈一个人的户口在北京，每月只能买到半斤糖。就在妈妈发愁的时候，哥哥救了我。

出院后，我一直卧床静养。那是一个晚上，天很冷，大概九十点钟了，我躺在不足十个平方的小屋里，妈妈在一旁做着什么。突然窗外传来一声："妈，我回来啦！"是哥的声音。妈赶忙开门，随着冷气一身东北装束的哥打着晃挤进窄窄的房门。哥穿着不太干净的羊皮大衣，戴着双耳破皮帽，肩上前后搭着沉沉的东西，拴行李袋的毛巾深深地勒在肩上。妈想接下东西，哥却连声说："慢点，慢点。"他摘下头上的破皮帽子，顾不得擦一把满头的汗珠，吃着劲小心地卸下肩上过重的东西。常言道：远途无轻载。我靠在床上，看着又瘦又高的哥哥累得坐在椅子上，能感到他的肩膀此时的麻疼。哥的气儿还没喘匀，就忙着打开放在地上的装满土特产的旅行袋和一个他一直捧在胸前的有着天蓝色乱花的长颈大花瓶。哥把重重的花瓶小心地捧着交给妈妈，淡淡地说："子春不是得肝炎了嘛，我去养蜂班和人家要的蜂蜜原浆。没东西盛，人家把花瓶也给我了。抱了一路，生怕碎了。"他的声儿不大，这话却深深地烙在我的心里。蜂蜜很甜很甜，也很多，我一直吃到痊愈。蜂蜜吃完了，装蜂蜜的那只又沉又漂亮的天蓝色大肚花瓶在我家放了很多年。而哥哥穿着大皮袄费力地背着东西挤进门时的样子，和他在白毛风中走好远的路去找养蜂人的样子也深深地藏在我心里。

几年后的一天，妈妈心事重重地叫我坐在身边，告诉我，国家有了新政策，一家可以有一个孩子困退回京。这时姐姐已有男朋友，哥哥当时在东北兵团是最难返京的，我是妈妈的小棉袄，一个女孩子在河北插队六年了。到底让谁回京，手心手背都是肉，妈妈为难了。那时社会上流传一句话：女孩是飞鸽牌，男孩是永久牌。也就是说，女生再不济也可嫁人返京，而男生却不行。再说，插队好回京，兵团难上难。我那时已是当地文艺骨干，只要不谈恋爱，对自己返京很有信心。我平静地说："让我哥回来吧。我自己想办法。"话一出口，我就看见妈妈的泪水从布满血丝的眼中无声落下。妈也许怕我看见吧，任泪珠挂在眼角，站起来，转身干着什么，久久没有抹去。但我还是看见了，透过台灯那不算亮的、昏黄的灯光，我看着妈妈的侧影，那一刻我感受着母爱，感觉到家的温暖。

哥总算回北京了。在哥回京一年后，我也回到北京。哥回到北京待业半年后进入北郊木材厂。初入工厂，他做了一名油漆工，但因他对苯乙烯严重过敏，时常晕倒，妈妈只好按当时的惯例，托熟人，找关系，给当时的厂书记送礼，请他帮忙给我哥改改工种。可没想到，我妈碰上了真共产党员。在第二天的全厂党员大会上，书记把我妈送的礼品交了出去。结果哥的工作是调成了，调去和"地富反坏右"一起拉板车，把坏家具拿来修，把修好的家具再装车拉走。

别人遇到这种情况一定十分沮丧，而淡定的方子哥只要离开了苯乙烯就很开心。他把修好的家具拉到成品库房，在这里他十分快活。在有回音的高大库房中，天生羞涩的他可以放开胆子胡吼乱叫，不管练声、高唱，还是朗诵、做小品，想出什么声儿出什么声儿，想演什么样儿演什么样儿。他还搞了好几个小发明，比如在板车上安装轮子；再比如往成品库送家具，不用一件一件地搬，而是多件搬移。他的快乐为班组里压抑的人们带来了春风。

后来他靠自身的努力，在众人的帮助下，曲曲折折最终离开工厂到了文化部，向他的人生目标又近了一步。在文化部，哥先后在几个下属单位工作过，先是在文化交流杂志社的《剧本园地》，后来《剧本园地》撤销了，他又分到外联局老干部处工作。不管调到哪里，他都有好人缘。尤其在外联局老干部处，他成了人见人爱的好青年。除了能干、不惜力，还有重要的一条，就是他不爱说话，是个天生的倾听者。他能坐在老同志对面听这些叔叔阿姨不停地叨叨。这些寂寞的老人可算有个听他们说话的人了，于是都把他当儿子，不管他去哪位老同志的家都会受到热烈欢迎。日子一天天过着，哥已近三十岁，本该安分的他，心里始终没忘记演戏的梦想。

带着这个梦，他走进北京电影制片厂演员剧团的考场。记得那

在北郊木材厂工作的方子哥。

天考场里坐着许多老师，虽然气氛紧张，但哥再也不会像儿时进考场那样大哭或晕倒。陈强老师出了一道不太好做的小品题，哥完成得很出色。题目是：这屋里有个东西，这个东西关系到许多人的生命。哥站在那里思考，考场很静，掉根针都听得见，人们在等待着。片刻，在众人挑剔的目光下，他的即兴表演开始了。哥把考场设计成一个被敌人搜查过的房间。他本人是地下党的联络员，冒着生命危险来取一份很重要的人名名单，最后他在一堆烟头中发现了名单——被捕的同志将名单卷在了烟蒂中。小品很完整，受到陈强老师和监考老师们的称赞。考试通过了，但名额呢？没有名额，业务再好也白搭。在这关键时刻，哥的好人缘又在关键时刻给他带来了好运。平时的谦虚谨慎、勤奋工作、吃苦耐劳起了作用，北影属文化部下级单位，领导特批一名额，哥来了个干部调动去了北影演员剧团，大龄青年总算圆了演员梦。

初到北影并不能马上就有戏演，哥发挥一贯作风自己寻找机会。那时我们的发小夏钢从电影学院导演系毕业，正好没什么事儿。一日哥去找他，说："有个电视剧，你给拍了吧。"夏钢问哥："为什么找我啊？"哥说："你要拍，我是男一号。"夏钢一看这剧本，主角是个二十来岁的小伙子，想想哥好不容易捞着个角色，就拍了吧。80年代戏都短，这部戏才四集，叫《小杨征税记》。哥就演那个憨憨厚厚的小杨。居然第一次演主角就得了个奖，从此展开了哥的艺术之路。

拍《小杨征税记》的时候，夏钢觉得哥素质很好，胆儿也大，敢演。当时哥三十多岁了，扮演一个二十几岁的小伙子，还是有难度的。要说表演的基本功和业务能力，他确实没有受过多少训练，但是他用功，有灵气，把个小杨演活了。不过也有不足，特别是台词，非常困难。好多年以后，我跟夏钢说哥导了个戏，我去配音，他批评干了二十多年配音演员的我台词不行，把夏钢乐坏了。从《小杨征税记》以后，哥跟夏钢来往就特别多。小时候差了几岁，没怎么在一块玩儿。有件事夏钢印象最深，就是方子哥学理发时，给所有人都剃了秃瓢。通过《小杨征税记》，不光夏钢，不少人开始喜欢方子哥，这就叫机会是给有准备的人的。

夏钢后来拍摄电影《大撒把》，哥客串了个离婚律师。这部戏里他进步很大，能把握分寸了，可以拿捏人物了。拍摄《小杨征税记》之后，哥就成了喜剧明星了，包括《死去活来》《无人喝彩》，哥的角色都挺重，从此连续获奖，片约不断。我们兄妹二人也会时不时撞在一起。

我年轻时，剧组流行见人就叫"哥"。赶上我们兄妹在一个剧组，我一叫"哥"，开始他会答应或转过头来看我，以为我叫他呢，后来他发现，我口中的"哥"十有八九不是叫他，一向话不多的他,听到我叫"哥"也就不再反应。除非我对着他的脸大叫三声"哥——""哥——""哥——!干吗不理我!"他才慢吞吞地说:"我以为你叫别人呢。"看看,他就是这么个慢三拍的人。慢三拍的人事事不着急,他总说,急什么,该你的跑不了,不是你的,急也没用。

长大后我也开始拍影视剧,我们兄妹二人时不时碰到一起,人们还是会对我们反差极大的性格感到惊奇。虽然从长相到性格那么不同,却有一家人的感觉,所以不少导演喜欢让我们演夫妻,而这是我们最别扭、最不想演的。不过在合作中,我渐渐发现,哥的话比以前多了,他不是不说,而是开口慢半拍,说出来的话很幽默,很在理,语不惊人死不休。虽然表面上我俩的性格是冰火两重天,可骨子里十分相似,都是组里的开心果。

我哥这辈子,不易。从小貌不惊人,话不多,谁也没想到这个闷葫芦能干演员,更没想到,一个没上过多少学的人能当导演、制片人。也许正是这些"没想到",激励他不断努力、不停进取。在人们没想到之时,他悄不声地成功了。我时常从哥的身上感到一份淡定、一种从容,已过甲子的他,几十年都是一步一个脚印、踏踏实实走过来的。

我哥的表演,不温不火,但极有爆发力,该出手时就出手。生活中也是这样,老好人一个,但有原则,有底线。不信邪的他拍起戏来特别认真。看似松弛自然的状态下,他的每一个小动作都是反复琢磨过的。在我们合作的电视剧《成家立业》中,我就深有体会。在这个戏里我们饰演两口子,戏里各自的性格与生活中的有巨大反差——他火爆,我温和。我们不光戏演得顺风顺水,我还又一次感受到和哥在一起的幸福。吃饭有人叫,坐车有人关照,拍戏有人指导,十分默契,感觉真好。

记得小时候,我和哪个小男生闹脾气,最爱说的一句话就是:

电视剧《成家立业》剧照,方子哥饰演杨震,方子春饰演郑佳珍,2009年。

"讨厌!你再招我,我找我哥去,让他打你!"而我哥总是翻瞪着小眼,狠狠地说:"你等着,我找他去。"多日不见动静,我忍不住追问他是否打过了。他一改凶相,哼哼唧唧地劝道:"算了,那是我哥们。"当时把我气得呀。长大以后,尤其大家都上了年纪,对手足情更加珍惜。静心回想,哥这一辈子,既坎坷又单一:表面丰富多彩,生活简单平静。用他自己的话说:"我是个与世无争的人。除了演戏,就是在家待着。一星期打两次网球,有时画画,工作上是个戏痴,生活上是个居家男人。这么说吧,我是个连妞儿也懒得泡的人。麻烦。"

这个连妞都懒得泡的人,戏瘾巨大,一说演戏就来精神,一来精神就什么都顾不得了。比如他有一部戏叫《珍珠翡翠白玉汤》。戏里他演刘宝瑞,一个人要扮演十八个角色,连造型师都犯了难。记得当时天气十分燥热,就是薄薄的纱质衣服,往身上一穿也立马汗透,贴在身上难受无比。哥吃的苦头更不用说,每日十几个钟头地排戏，不停地换人物造型，不停化妆，头套、胡子粘来粘去，时间不长就满身痱子，没几日头上出了一个个痱毒，再一粘头套加上出汗，疼痒难耐还不能挠。这还不算什么，更痛苦的事发生了。

开拍没多久，哥饰演一个县官。为了突出人物性格，哥设计的动作是人半躺在太师椅上，把脚翘在条案上。可没想到太师椅太硬，拍戏时间又长，一个姿势待久了，等把脚放下来时，四十大几的他腰部错位，当时人就不能动了。但戏开拍就不能停，他又是绝对一号，场场必到。此时哥想都不想，咬牙拍下去！就这样工作了好多天，组里在现场放了一张床，他躺在上边，看别人替他走戏，开拍时他再忍痛站起来。一天，戏中需要吊威亚，哥依然二话不说，不声不响地慢慢站起来，任工作人员把威亚绑好，高高地吊在空中。也许是哥的工作态度感动了上苍，他的腰在不停的抻吊中奇迹般地好了，幸运女神又一次眷顾了戏痴老哥。

我们都以为这部让哥出大力、流大汗、熬夜用功、吃苦耐劳的戏会有好成绩。可没想到，因某个客观原因该片没有正常发行。哥在这部戏中尝试多个人物，让看过此剧的人感受到人物的鲜活和他演技的精湛。

功夫不负苦心人。哥不急不忙，在他的艺术道路上一步一个脚印地走着。他牢记父辈的教导，只有小演员，没有小角色；不想当将军的士兵，不是好士兵。他要做大演员，成为艺术家。

前不久播出的电视剧《沙家浜》中，哥饰演刁家的老管家。在剧中管家总是站在老爷身后，除了有四次报告，几乎没有什么台词，用现在的话说，就是打酱油的戏，而且是很淡的酱油。这个戏怎么演就全看演员如何处理了。身为管家，不能搅了主人的戏，又要出彩儿，难啊！可再难也难不倒有心人。哥先从四次报告下手，把动作处理得很细很细，每次上场根据报告的内容不同而运用不同

《珍珠翡翠白玉汤》剧照，方子哥饰演刘宝瑞，1999年。

的动作。陈道明和哥是老相识了，早在《绍兴师爷》里就有愉快的合作，这次在《沙》剧中的合作更是相得益彰。有一段戏是陈道明饰演的刁德一独自在拉胡琴，他问站在身边的管家，想听什么曲子？并让他坐下来听。在那个年代，身为刁府的老管家他怎能点曲子让主人为他演奏，而且还在主人面前坐下听，可他又不能违背主人的命令，该怎么演这场戏呢？哥了解陈道明，知道他即兴的东西来得很快，也很棒。每次几乎都不一样。哥喜欢这种有新鲜感的创作过程，要配合默契、应对自如就要高度集中，知己知彼。当刁德一第一次让他坐时，他连连反对。在刁德一的坚持下，他反复地屈膝又站起。最后在刁德一的命令下他只好慢慢地边用手扶着椅边，边将屁股似坐非坐地贴在椅边上，这样回答问话时可立刻站起，保持曲意逢迎的样子。这样处理才符合老管家的身份。后来哥回想起《沙》剧的创作过程，依然十分享受。他认真对待得到的每一个角色,他因爱戏而演戏,年过六旬的哥除了演戏别无他求,干的是自己喜欢的事情,他成功了!

一路走来,哥尝尽了甜酸苦辣,也结交了许多好朋友。他一生不善交际,从不拉关系,有如此多的片约全是因为好口碑。只要哪个剧组有我老哥,那个组就有家一般的温暖。记得去年有一段时间,天天看哥在微博上发各种好吃的饭菜的照片。我心想,他身体不好,很少吃荤腥,怎么天天做好吃的?后来才知道,哥在荣城拍戏,剧组住在海边的一个公寓里。爱做饭的老哥在不拍戏的时候,就请他的司机、助理,一起演戏的沈丹萍、王佳宁等人变着样儿地吃饭。在两个月的时间里他做出七十二道菜,不光吃得人人叫好,最后还把这些菜的菜谱送给大家。

一日雨后大雾,晚饭后他带大家去一个地方,这里是哥常常一个人去静心的地方。那天,在黑漆漆的大海边,一个人都没有,在路灯影影绰绰的照耀下,只见层层大雾无声地从海上飘来,在这特别有情调之时,哥诗兴大发,出口成章。那种惬意,那种与朋友在一起的欢快,永远留在他的记忆里。

要说我哥这辈子有没有不愉快的事?有。有没有不喜欢的人?当然有,遇到这种人和事时怎么办?有句话说得好:最大的蔑视是无言。咱不理!不是咱怕谁,而是不予理睬,不能高抬他。这就是我哥,一个看上去憨憨厚厚、内心充满幽默感又不乏浪漫的好人。我哥现在是有孙女的人了,孙女可爱又漂亮。当人们劝他在家享受天伦之乐时,这个老戏痴说:"在家看孙女不如演戏,有戏演才有幸福感。"当人们称他老艺术家时,这个一辈子低调的人说:"艺术家是我的目标,我最喜欢听到的评价是:好演员,会演戏的好演员。"

我一直称为老师的人——王刚

我和王刚老师仅仅在《金字招牌》中有过一次合作。由于之前风闻他属于"难搞"之例,当导演叶震华说我在戏中饰演他老婆时,心里多少有些发怵。

初到剧组,前三天除拍戏外我并没主动和王刚老师多说过一句话,有些敬而远之。而王刚老师也不和我多话,只要听到一声"cut",他立马离开现场到自己休息的小旮旯,把他那把现场椅尽量拉长,人往变大的椅子上那么一躺,尽量放平。体重不轻的他,有时会把椅子压得两头恨不得翘起来,让旁边的人看着多少有些担心他会掉下来。他却毫无顾忌地闭目养神,完全一副凡人不理的样子。

我听到"cut"也会快速离开现场,找一犄角坐下来,翻翻剧本,背背天津话。因为当时我接了电视剧《荀慧生》,导演夏钢让饰演师娘的我说天津话,但我除了普通话不会任何外语和方言,这次真是碰上了一个难题。好在《金字招牌》里我戏份不多,可以让我提前两个月练习天津话。后来大家熟了,极有语言天赋的王刚老师实在受不了我那口太不成形的天津调,主动加入到当我老师的行列。有意思的是，当我把天津话说得有点儿模样了，有关部门却下一文儿：今后影视作品中要讲普通话，不能用地方语言了。得！不光俩月白练，害得我改回普通话还挺困难。这是后话。

其实别看我和王刚老师彼此无话，从一开始，我就被他的好脑子折服了。他脑子之好用，说出来真是令人咋舌。除了演戏，王刚老师平时最喜欢的事情是搞搞收藏，参加个拍卖。他躺着的时候，我从未见他看过剧本，要拍哪个镜头了，拿过剧本看一遍，只一遍，台词的准确率八九不离十。厉害！那天拍我们的第一场戏，他把本子拿过来浏览了一遍，说："这场戏不用切了。"不用切，这就意味着，机器跟着我们要一个镜头下来，而且是同期声。按理说，剧本我看过很多遍了，我应该没问题。可这场戏一页纸的量，心里以为要分几个镜头，一个镜头下来，思想上没准备，心里难免打鼓，我脱口而出："呀，我可能不行。"但他不动声色，看也不看我，好像大家伙儿也都没听见我的反对之声似的忙活起来。架灯，铺轨道，走戏，各干各的。"开机，action"，戏一个镜头顺利拿下。随着一声"cut"他转过身对我说："这不行了吗？"哦，你听见我说话了呀。我嘴上没言声，心想，这不是下马威嘛，好在一条过，自己松口气的同时对王刚的好脑子很是佩服。

第三天，收工的时候，我正在廊子上换鞋，挡了王刚老师的路，赶忙挪挪身子，王刚老师却没马上过去，问："子哥干吗呢？"

"啊，应该在拍戏吧。"

"我问你个事儿啊，你打算绷到什么时候啊？"

"我没绷着啊？"我赶紧抬头直直地看着他。

"那是我长得歪瓜裂枣吗？"

"没有啊，您长得挺好的啊！"

他把眼睛瞪得溜圆说："那你怎么不理我啊！我还以为自己歪

瓜裂枣呢。"

我一听，笑了，忙解释道："我是怕扰着您休息。"

王刚老师用他的幽默打破了僵局。

我喜欢和王刚老师这种对戏特有招的人一起工作，往往一段看着没什么的戏被他一说一弄就变得有意思了。所以，好搭档太重要了，不光能出好戏，也能让自己学到不少点子，提高自身的业务水平。其实上《金字招牌》这个戏，开始我很犹豫，但我跟导演是多年的朋友，就勉强接下来了。戏开拍时，我演得十分拘谨，这些王刚都看在眼里。一日，一场戏拍完，我刚打算转身离去，王刚老师叫住了我，说："子春啊，这戏你这么放不开，是不是特怕人说你洒狗血啊。"我说："是。"王刚老师接着说："你记住我一句话，说你洒狗血的人，一定是行里人。他洒不了，你能洒，他才说你。再说了，有我王刚垫底，你怕什么？"这一番话顿时解下了我的思想包袱，之后戏拍得顺了起来。

有一场戏，讲的是我害哈掌柜前妻之女，哈掌柜（王刚饰演）从外地回来后，听了女儿的哭诉，抬手要打内掌柜（我饰演）。这时，我们的戏已开始有默契，自知理亏的我，见他一扬手，不等他打下来，已两眼一闭，缩着脖子大呼小叫地哭喊起来。导演喊停了，我这边还捂着耳朵哇哇叫呢。王刚老师掂着手问："怎么我还没打呢，她就开始叫了。"大家一听都笑了。

自始至终我都十分敬重王刚，不叫"老师"不开口。他人极聪明，学问又大，平素少言寡语，但一说起话来，真是好听，引经据典，滔滔不绝，讲的都是故事。他一进化妆间，人们小心观察，看着他今儿精神不错，人们开始活跃起来，一会儿这人拿出各种东西让他鉴定，一会儿那人请教各种问题。他心情好，人很谦和有礼，乐此不疲。如果他今儿脸色不那么爽，你趁早别废话。我这人从不

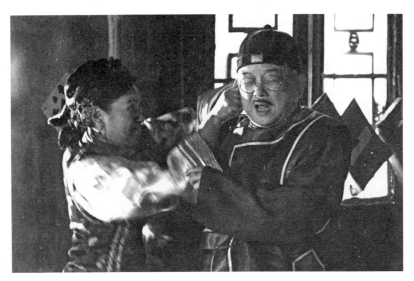

电视剧《金字招牌》剧照，王刚饰演哈掌柜，方子春饰演胖夫人，2007年。

凑热闹，他一般十二点半进化妆间，这之后的几小时正是人困马乏的钟点，还要拍一天戏，说话都累，还是让他养养神吧。所以我除恭敬地问个安——"王刚老师好"，从不参加他身边的热闹。有一天，当王刚老师走进化妆室，我照例问好，王刚老师发话了："别王刚老师了，咱俩都'夫妻一场'了，你老这么客气干什么。"可我依然叫他"王刚老师"，他的聪明和学识让我从心里服他。

记得快杀青时，王刚老师的戏已经拍完了，我还有些散场戏。一日拍夜戏，大家在一起候场，有位女演员对我说："子春，我和王刚一起拍过几次戏，很少听他夸谁，这次他真夸你来着，说你会演戏。不容易。"她看我瞪着惊奇的眼睛，一副不相信的样子，补了俩字："真的！"王刚老师表扬我，我还真有点反应不过来。回想我们相处的这段日子，王刚老师只有一次开玩笑似地表扬过我。被这个有些高傲的人夸两句，让人记忆犹新。摄制组是个临时性的大集体,虽然一部戏拍完很多人还叫不上名字。但大家会很亲切。演员进组后,一般会在拍自己主场时请现场的朋友们吃东西,我也不例外。那次主场在北影,我就请主创在门口的红楼吃了个饭。席间在人们寒暄之中王刚老师说道:"十个女人九个蠢,只有一个聪明的。"他一开口,我就知道他要说我,没等他说完就笑言:"是不是对每个跟您合作过的女搭档,您都这么讲啊!"王刚老师一本正经地说:"我王刚什么缺点都有,但有一点,我这人什么都在面上。合作过这么多女演员,我只跟你这么说过。"我一听立马站起身,对他小鞠一躬,内心备受鼓舞。

人与人相处,首先就是要尊重别人,当然也要尊重自己。尤其是演搭档,先做到互敬,才能够倾听和理解,关系融洽了才能出戏。演戏,演戏,演的是什么?就是人物关系。人物关系准确了,人物感觉也就准了。所以,我认为尊重很重要。比如在这部戏里有个词儿,女掌柜骂哈掌柜"猪头"。王刚老师是回族,我拿到剧本就把这句词改了,因为在此处"猪头"与"笨蛋"并没有什么本质上的不同,在不影响剧情的情况下改个词,对演员是一种尊重。正是从这些细枝末节上,体现出搭档之间的和谐与默契,就好似家和万事兴。

提到家,又让我想起一件印象特别深刻的事情。一天,风和日丽,王刚老师把老母亲接来看他拍戏。看着王刚老师一改平日之态,对老母亲鞍前马后、细致入微的样子,我联想到自己。我的母亲是演员,在这之前我从没想过让她来我的拍摄地解解闷,透透气。看着王刚贴着老妈的身边,在她耳边低语,让人从心里感动。我一直认为,一个人品性如何,是否善良,就看他是否孝顺。

拍《金字招牌》已是几年前的事了,从那以后我们都没有再联系过。直到他出了《我本顽痴》,看完《南方周末》的连载后,我给他发了个短信:"我从来不敢打扰您,我这次给您发个信息,是想告诉您,这本书写得太好了!我非常喜欢。"他给我回了个短信:"子春,有机会见面,我送你一本。"

我一直称王刚为老师,是我对王刚的真心尊重。王刚的年龄并不比我大多少,但他的学识比我深多了,能和他合作真是一件愉快的事情。

率真的霸气男人——孙海英

孙海英是个霸气的男人。他心地善良，性情耿直，与他合作有气有笑。也许正是因为他这不拐弯抹角的脾气和各色的性格，才时不时会在业内有这样的褒扬和那样的非议。

《阳光路上》是我和孙海英合作的第二部电视剧了，孙海英饰演的是靠自己发家的"钱罐子"，但总爱出损招，损害村民的利益。我演他老婆，一个北京知青（因我实在学不会孙海英的锦州话），嫁给了开小卖部的"钱罐子"，留在当地，一生对满腹生意经的丈夫崇拜有加，言听计从。

我是那种比较板正的人，我认为演员要理解导演的意图并表现出来。说实话，我农村戏演的少，对新农村了解更少，东北农村就没接触过。这次我是抱着学习的态度，也就是长耳朵多听、长眼睛多看，体验的同时演好角色。大家说我变化很大，人胖了，性格也随和了许多。我笑了笑，心想，这是我活明白了。

孙海英是东北人，对农村十分了解。他又是个思想极其活跃的人，认为演员演戏就要有自己的想法。遇到这样的演员，其实比遇到对创作角色不认真的人要好得多得多。当然，合作之中既有默契又有摩擦。

除了演戏，我和孙海英私下几乎不交谈。只是在每场戏开拍前有些交流，不，准确地说是听他和导演交流。记得刚开机那会儿，现场副导演总是先通知我到场。有一场戏，我先配合执行导演把位置走好，地线画了。因为天儿太热，准备就绪后就进屋了。等我再出来，发现一切都变了。我这人一板一眼，说："地线怎么变了？"副导来了一句："谁按地线演戏呀。""嘿，难道不按地线站位置、演戏吗？"原来，孙海英来了之后，按照他的意图把调度变了个样儿。我心里不太高兴，但我不较真，也不发作，等戏拍完了，我和颜悦色地把副导叫过来，突然往胳膊上就是一掐，问："疼吗？"小伙子嘴都咧起来了："疼着呢，方老师，您别掐，有话您说。""知道疼就好，记着！下次先请孙老师，再请方老师。方老师笨，不看地线演不了戏，等你们摆弄好了，再叫我。"小伙子恍然大悟，哈哈乐起来了，满口答应。

有时就是这样，本来很正常的事情经常被人搞得不正常。比如有场戏，远处队里开大会，"钱罐子"和老婆在自己小卖部的门口，站在大树下关切地向远处张望。孙海英在张望的时候，站在了树干上，我站在树旁。一会儿就听导演喊："方老师，你的表演太过啦，收点儿。"我一听就知道导演在说孙老师，因为我根本没动，不可能说我。事后我问导演："为什么不直接喊孙老师？"这位老导演回答我："现场这么多人，直接喊，不好吧。"所以有时听到这样或那样的话，不要放进心里。

其实处熟了，我觉得孙海英有不少可爱之处。他聪明，在演戏上不惜力，有点子。他是个细心的人，看我从不在现场发表意见、经常在没词的时候把自己处理到镜外，就会说："别老把自己整得

我和孙海英合作的第一部戏《一个女人的史诗》,2005年。

跟不是这家人似的。"有场戏,他一到现场,就问我:"这场戏,你有啥想法?"我答:"我没啥想法。"孙海英回道:"你这什么态度,当演员要有想法嘛。"我说:"每个人都有想法,那不得打起来了。"其实,演员之间就是这样,要有退有让,有礼有节。跟各种人搭档有不同的相处方法,和孙海英合作,我不会直接说,更不会脸红脖子粗地跟他辩论。他是个很勤奋的人,他的点子经常会让人耳目一新,这时候,我肯定会按照他说的来。因为,每个人都有自己的创作方法。有时按他人的思路试试,会茅塞顿开,有新路子、新感觉,创作出与往常不一样的感觉。

孙海英这人喜欢当导演,但他从不自顾自地演戏。只要这场戏有他,就省心了,他会把每个人物都考虑到。合作的时候,他从来都是板着脸跟我说话:"你又上哪儿去了,你老是弄得自己跟不是这家人似的。"我有些委屈地说:"这里没有我的词,我就去屋里等着呗。"他急了,"你上屋里干吗,我和树根(剧中人物)一出去,你看我们俩一眼,这镜头不就落在你这儿了嘛!"他是急了,他为谁急的,不是为自己,是为我!本来我只是个配角,他才是戏的主角,但他总是在点点滴滴之间为我找戏,自自然然地把镜头留给我。

在戏里,孙海英经常干点坑蒙拐骗的事儿。有一场戏,人们追着打他,他打着跑着就钻到桌子底下去了。本来这场戏就没有我,所以我就退在一边,静静等着。孙海英看见了,就指着我喊:"待那儿干吗呢,我一钻桌子底下,你就大哭,趴在地上哭,蹬腿哭。"我说:"好咧!"紧接着就有人过来教我撒泼打滚,嘴里还唱着:"哎呀,我的妈呀!"我也很放得开,把脸皮拽在地上演,这场戏很是成功。

跟孙海英合作,很有创作的气氛,你会觉得特别热闹,他能完完全全把你的积极性调动起来。而且,他会尽力把空间让给对手,为你的成功、为你的出彩由衷地高兴!

轮到我的最后一场戏的时候,孙海英为我设计得特别热闹,一

《阳光路上》剧照,孙海英饰演"钱罐子",方子春饰演王秀兰,2012年。

孙海英很有爱心,参加福利活动时怀抱残疾儿童。

边给我讲一边自己就咯咯咯地乐起来了。这部戏有位女演员,让制作人很是头疼。她演戏的时候,别人不能说话,不能动,所有的焦点都必须集中在她的身上。一进来她就直接找到导演说,她演戏的时候,不允许我们说话。本来我以为孙海英会争辩,会发作,会不耐烦。没有!他什么牢骚话都没有,反而很谦和地说:"好好好,我们不动,您来演。"她走了,我们接着演,戏还是在我们这儿。只要你有心,只要你用功,戏是抢不走的。

孙海英并不是如外界所传"得理不饶人",相反,他为人十分热情,他非常希望戏能好,虽然有时候不注意语气,不注意方法,但他确实十分敬业,很有职业道德。有些演员,进场如果不是自己的戏,扭头就走。但孙海英不会,他跟你定的十二小时,哪怕第八场戏才会拍到他,他也会静静地等候,绝无怨言。作为一个腕级的演员,着实不易。

众所周知,孙海英有他个性的一面,但他内心其实十分善良。在农村拍夜戏,一到收工,大家跑得比兔子都快。黑灯瞎火的,我一时之间立在当场,几乎是有些无助地拖长音喊:"我上哪辆车啊。"还没人应声,只见我面前车门"唰"就开了,是孙海英,他对我一挥手,粗声粗气地说:"你嚷嚷什么,赶紧上这车。"其实我不该上这车,这是孙海英的专车。他就是这样,招呼我上车,一路并不与我交谈,到了宾馆径直而去。我本想说句谢谢,也没说出来。

我觉得,做演员也好,做人也罢,不要戴着有色眼镜看人,不要以自我为中心,要学会彼此尊重,学会适应别人。功夫在戏里,不在戏外。腕儿不是摆出来的,是靠真本事做出来的。跟孙海英合作,我从未受过气,相反他会让你更有自信。

傅彪：好久不见，你还好吗？

我时常会想起彪子，我们合作过三次，他对人的热情，对事业的热爱，我至今念念不忘。

一、彪子：我的贵人

我们初识是在电视剧《离婚》的拍摄现场。记得那天，一个不起眼的胖子，笑眯眯地向我走来："你好，子哥的妹妹吧？嘿，你看我和子哥长得像不像？说我们是哥俩儿都有人信。"我看看来人，和我哥还真像，眼睛不大，胖嘟嘟的。他接着说："你看见我媳妇了吗？演二妹子的，跟你长得也有点像，就是比你年轻，咱们四个一起演个戏怎么样？准火。"后来我知道，这个主动上前打招呼的人叫傅彪。

时隔几年，我在上海拍梁天导演的《售楼小姐》。有一天很晚了，接到子哥一个电话："子春，彪子找你找疯了，快给他回个电话，他说有好戏找你。"放下我哥电话，忙给彪子打过去，几年不见，一点不生分，还是那带点沙声的嗓子："哎哟，姐姐，可找到你了，我把手机丢了，好嘛，找了十几个人总算找到子哥了。哎，我这有一好戏，我和出资方说了，有一人物非你莫属，先看本儿，先看本儿，我保你喜欢。"就这样，傅彪的热心使我在演艺事业上又向前迈了一步。

一次我见到彪子夫人，秋芳妹妹。我对她讲的第一句话就是："彪子对我比子哥好！"因为子哥是我哥，手足之情，他关爱我是应该的，但也正因为是兄妹关系，我们很少合作，总怕别人说什么。但在拍《居家男人》前，彪子和我并不太熟，只合作过一次。君子之交的彪子，只是因为喜欢我的戏，就能在事业上如此地帮助我，真是难能可贵！难道不比亲兄弟还亲吗？他常说："人都不容易，又不费劲儿，能拉一把拉一把。"就这样，他成了我的贵人。

彪子不是完人，但他用自己的一生，努力做一个完人，所以那么多人喜欢他，爱戴他。他喜欢小人物，他饰演的都是小人物，每个小人物都有所不同。他常说："人，不能忘本，要知道自己是谁，吃几碗干饭。"所以，他总是那么谦和。不论到哪个组，他除了干好自己的本职工作，还帮助组里张罗这儿张罗那儿，很快他便是全组的核心人物。

拍《居家男人》那年，正是北京最热的七八月。不管彪子走哪儿，手上都有两样东西：一条长毛巾，一把芭蕉扇。我也有两件东西不离手：一条方毛巾，一把大折扇。为什么？天热，俩胖子怕热呀！因此，彪子处处关照我，只要戏一完我一定会听到："姐，完了上车，车上凉快。""谢谢，别了，空调费油，这不烧票子嘛……"我话没说完，彪子已经招呼司机去开车上的空调了："客气什么，别中暑。快去！"那个夏天不光是我，还有不少人都享受着彪子的房

《居家男人》剧照，傅彪饰演高宝生，方子春饰演郑秀兰——俩胖子，2004年。

车，而他自己却很少上车，总是找个地方，放个小桌，放上一个大茶杯子，毛巾往肩上一搭，右手扇子不停摇，左手剧本认真看。

　　彪子演戏是认真的，不管词多词少一定提前做好准备。在《居家男人》中，他是男一号，但不管多少词从没吃过"栗子"（出错）。有一天，在一所大学拍戏。来人特多，有探班的好友、采访的记者、拿着本子等签名的师生，还有看热闹的"粉丝"，加上满教室的学生做群众演员，场面有点乱。只见他应酬这个对付那个，不急不恼，然后，小声问我拍到哪了。算算时间快到他了，一声："诸位，失陪！"一人躲起来准备戏去了。当他再出现时，一脸严肃不再与人打招呼，站在一旁静静候场。一声"开机，开始"，全场安静。只见彪子突然节奏一变，快步走入教室，凡人不理，"咣、咣、咣"一口气三大篇词一个嗑儿没打，一个细小的感觉没落下，一气呵成，走出教室。掌声四起。

我和彪子姐弟相称。他比我小十岁，交往之中他却更像哥，是我的主心骨。从演戏方面来说，我们都属于认真的人。记得我和彪子在拍摄电视剧《居家男人》的时候，是夏季。彪子在戏里饰演大学教授高宝生。我饰演他的追求者，一个生活中不注重仪表和细节的女人郑秀兰。但高宝生心里另有他人，一直躲着死缠烂打非他不嫁的郑秀兰。一天郑秀兰终于在大学校园堵住了刚下课的高宝生。此段戏不到一页纸。现场导演一声"开机，开始"，我躲在教学楼门口的柱子后，见高宝生鬼头鬼脑地出来了，大喊一声。见他吓一跳，不管经过师生的目光，肆无忌惮地大笑。身为本校教授的高宝生又羞又恼，这时彪子突然大声说："我说你这个女人怎么这样？出门不穿袜子？这什么地方你不穿袜子就来……"边说边向花园方向出画。我一听，剧本上没这段词啊，彪子即兴的东西又来了。等彪子甩身向画外走时，我的表情好似无辜而茫然，委屈地嘟囔着："不穿袜子怎么了？不穿袜子就……"跟出了画面。导演一声停，一片哄笑。有人大声说："加得好！真生活嘿，你们俩商量的吧。"我俩会心地笑了，商量？这叫默契。我服彪子观察生活的细致，更服能十分贴切地巧妙地用在人物身上，使两种完全不同的性格碰撞起来。小小的过场戏一下子有了意思，人物更加鲜明。在这点上他是我的搭档，更是我的老师。

　　彪子爱笑场，在我们组引起的笑场可不少。平时我不爱笑场，但这次跟彪子合作时，有一次也笑得不能拍戏。剧情是这样的，一个不大的房间，我（郑秀兰）在为彪子（高宝生）收拾衣物，准备搬到我家住，可他心里并不同意。我呢，自说自话，发现他不想去就又哭又闹，并扑上去拥抱他。一开始，我和彪子坐在床两头，我边说边扭，因较胖，身体重，我一动，床就乱颤，我自己没什么感觉，彪子却被颤得直想笑。等我扑上去拥抱时，彪子已笑出声，他这一笑，全组都跟着笑起来了。只见他抿着嘴满脸坏笑（他的招牌笑容至今不忘），眼睛却不敢看我。我盯着他一脸严肃："说！笑什么？"彪子强忍着笑，憋得声儿都变了："妈呀，我实在受不了了，哈哈哈，您轻点行不行？呵呵呵，这满床乱颤弄得我心痒痒，哈哈！可是你这一扑过来……哎呀，怎么这么不美好呀，嘿嘿嘿，就好像半扇肉拍过来，'叭'地拍在一块儿，太热了，俩胖子拥抱，中暑！哈哈哈，不行，嘿嘿嘿……"听他这么一说，全体又是一个笑的高潮。他笑得泪流满脸，我笑得满脸流泪，以致妆都花了。这段戏拍了好多遍，不是彪子绷不住，是我自己不行了，一演到那儿就笑。想想半扇肉的感觉，哈哈，现在边写还边笑。

彪子比我小十岁，但在生活中他却常常成了让我依靠的人。记得有一次，我在表演时有些忘我，猛地察觉到忙问彪子："呦，我是不是抢戏了？你怎么不提醒我。"彪子想了想，好像在斟酌恰当的词："首先，戏是抢不走的，再说作为同台演员，导演没说话，我怎么能说呢？"他这一句看似平常的话，着实让我感动。真的！我遇到过那种自己没戏还不让别人演的主儿，彪子的厚道让我学会尊重每一位同行。我这人在艺术道路上并不顺利，总觉得别人出三分力的事，我要出十分。回首半生，大有怀才不遇之感。有些时候，心里难免有些郁闷。每当这时，彪子会不动声色地讲些笑话，买些茶叶之类的送我，还会说些让我开心的话："姐，你不知道吧？我看你是最好的彩婆子。真的，别人能演的你能演，别人不能演的你也能演。你这人勤奋，有悟性，一准能成！不信你走着瞧！""你看咱俩儿演戏就是默契，他们问我咱俩合作多少回了，我说没搭过对手戏，他们都不信。""你今后的路宽着呢，年龄不是问题，你看李婉芬、赵丽蓉多棒，要有自己的特点，别减肥啊，别减肥。"听着这些话，我往往会将信将疑地看着他，他却总是一脸认真，好像真是这样。我知道他是好心，他在鼓励我，让我坚持。人有时需要别人的肯定，我从内心感谢他。

记得《居家男人》接近尾声的时候，我和在戏中饰演他女儿的刘园园一起在彪子房中小坐，他才从影视界一个会上做评委回来："哎，我看见子哥了，我跟他说，你妹妹不是演员，是艺术家。我看见子哥眼圈儿都红了。"猛地听彪子这么一说，我心里好像打翻了五味瓶，眼泪夺眶而出。我没想到他给我这么高的评价。彪子看着我，眼睛也红了，我们都没有说话，空气一下子静止了，刘园园瞪着眼睛望着我们，半天才小声地问："你们这都怎么了？我不明白。"她是不明白，彪子明白，他了解我的追求，我的向往。我是个有自知之明的人，彪子这样对我哥说，是让我哥放心，在我哥那里肯定我、高抬我。同时，他了解我的弱点，了解我的困惑，更了解一颗不服老的心！我哭是被他感动的！有人能看到你的努力，肯定你、支持你，有人能了解你、体谅你，这是何等的幸福，何等的不易！我不是说彪子这样说，我就自认是艺术家，就高兴得忘乎所以了。我认为艺术家是一个高不可攀的称号，他知道我多么想成为艺术家啊！

二、彪子：我想你了

彪子病了，我不信。怎么可能呢！就在他检查出身体有问题的前两三个月，他还打电话，请我去关学曾老人家处替他取关老北京琴书的带子。他高兴地告诉我，关老收他为徒了，这是他长久以来的心愿。现在他人在外地，不能亲自去拿，让我一定代他去取，并转告关老，他先听带子，回京后就去上课。一个满脑子戏的壮年人,一个成名了还在不断充实自己的人,一个处处给人带来快乐的好人,怎么,怎么就病了呢?

我是较晚听到消息的人。在他发现病、检查病时,我们一直有通话,但他只字未提。当我听到这个消息赶忙打电话时,却打不通了。我不停地打着,终于有一天,通了!我张口就说:"彪子,怎么搞的?这么大事都不告诉老姐,急死我了!"彪子用轻松的语气说道:"没事,我正从医院出来,你这是打进来的第一个电话。……唉,这又不是什么好事,告诉你干吗?别担心挺好,回头聚。"这么重的病一句话带过。他就是这样,报喜不报忧。

我最后一次见他,是在他第一次手术之后,我与先生一起去西单某地看他。一进院,就看到他在院中接我。我忙下车招呼:"哎呀,你怎么出来了?""别,不是为接你,是为偷着抽口烟。上楼别说。"还是一脸的坏笑:"呦,瘦啦?多少?不是不让你减肥吗?"我看看同样消瘦的彪子说:"你也掉了,有三十斤?咱俩一样嘛。"彪子瞪我一眼:"去,能一样嘛,你那三十斤怎么掉的,我这三十斤怎么掉的。"彪子一句话提醒了我,唉,看似还是那么快乐健谈的人,已闯过一次生死关。我可算见到彪子了,一进屋就把憋了好久的话一股脑儿全倒出来,谈得最多的还是戏。"姐,我这次住院特有体会。打算搞一部戏,叫《冷暖人生》,把哥们儿全叫上!我给你想了个人物,特合适,护工头儿,怎么样?多有戏呀。"听彪子这么一说,我又开始兴奋了,还是先生提醒我:"该走啦,不怕彪子累着?说好四十分钟的,这都一个小时了,不听话下次不让你来了。"我意犹未尽,不好意思地站起身,与秋芳道别。彪子一直送我们到大门口,看着我们离去。我哪里知道,这竟然是最后一面。在我心里他永远是棒棒的!

彪子走了,我是多么想他!他的身影,他的坏笑,好像就在昨天。再也没有听我一吐为快的人了，我的好友，我的弟兄！他那些看似平常的话好似就在耳边："呦，你也爱吃鸡蛋炒饭？我也爱吃，一吃就想起我爸爸。那时我上学特苦，尤其是冬天。我爸怕我饿，天不亮就起来给我炒一大碗鸡蛋炒饭，看着我吃，然后蹬车送我到汽车站。""姐，人说'只有小演员没有小角色'，你看我，角色不一定是一号，可观众能记住。是不是主角不在那个，在用心演戏，要演出风格，演出自己的特点，你说对吧？""人要自信，你最大的缺点就是内心不够自信。你认真了吧，努力了吧，那你要肯定自己的劳动。要对自己说：'你是最好的！'这可不是骄傲，演员没自信别干了。""姐，别不爱吃盒饭呀，我就爱吃盒饭，有盒饭吃就说明有戏演，我这么一说你就爱吃了吧。"……他还对我说过很多很多话，萦绕心头至今不忘。

  人生难得一知己，曾得却乘黄鹤去。我家有个特殊的物件：一个又大又长的老算盘，这是彪子让我买的。有一天他认真地对我说："姐，我给你想了个好主意，人家都玩电脑，你玩算盘怎么样？这年头没人玩算盘，你玩就是特点。艺不压身，你要把算盘打得跟弹钢琴似的，咱们合作个戏，让你露一手，准成！"彪子为我真动脑子了。听了他的建议，我去潘家园扛回个老算盘。我每天练啊练，可还没练成弹钢琴那样，彪子却先我而去！好难过，好伤心！从他走的那天起，我再也没动过老算盘，因为每动一个珠子我都会想起他，想起他的坏笑，想起他的理解。

  唉！我不哭，哭不好。记得，在彪子的追悼会上我泣不成声，我扑向秋芳，秋芳拥抱着我，在我背上轻轻拍着，耳语道："姐，咱得挺住，啊。"多坚强的妹子，我没能开口，反让她安慰我。唉！我不哭，哭不好。只想问：彪子，好久不见，你还好吗？只想说：老姐想你啦！想对你絮絮叨叨，想听你开导开导。

彪子就这么走了，留下了秋芳和儿子，我放心不下。那时，我和秋芳并不熟悉，在彪子走后去看过她一次。这一次印象深刻，从他们身上，我看到了一位好妻子、一个好儿子，同时也是一位坚强的慈母、一个懂得上进的小男子汉。那天，秋芳在我面前并没有悲悲戚戚。她告诉我彪子是笑着走的。他带着自己招牌的坏笑，好似被双手托起飘然而去。她叫过儿子，让我见见这个一下子长大的英俊少年。她还说有这么多朋友关心彪子，给他送行，彪子这辈子没白活，她知足。我的心酸酸的，但我没有掉泪，我也要学会坚强。在后来的日子里，我时不时给秋芳发发信息，打打电话，内心总是惦记着，总想帮点儿什么忙，尽点儿微薄之力。但我错了，也许是彪子用爱支撑着妻子，秋芳没有倒下，她一直在忙，为儿子，为自己，也为彪子。我想，她希望关心她的人看到彪子心爱的家还是那么红红火火。我觉得彪子没有走，他一直守护在他们身边，给他们温暖。

"日子要天天过，戏要好好演，饭要好好吃，今后的路还要好好走"，时常想起好人彪子对我说过的话，自己至今在努力地奔着，我相信前景一片光明。

功夫不负有心人——钱波

认识钱波是从电视剧《茶馆》开始的,饰演唐铁嘴的演员使我眼前一亮。这人是哪儿的?为什么在演员云集的情况下,就轮到从日本回来不久的钱波扮演唐铁嘴呢?

钱波出身医生之家。70年代,钱波小学一年级时进入了银河艺术团,当时由少年演出队和少年合唱队组成。那里有他的小伙伴,如吴刚、许亚军、祝新运等,大家的艺术之路从此展开。到了初中还想上台演戏,就又去了宣武少年宫话剧班学习。母亲虽然是北京人艺的忠实观众,也曾有过裹着棉被在首都剧场连夜排队买票的经历,但对于钱波学习表演专业却持反对意见。她认为小孩作为爱好,玩玩儿可以,但应该按部就班地完成学业,最好子承父业当个医生。可一心想演戏的钱波认准了北京人艺,他不顾母亲最初的反对,通过自己的努力,再加上有幸得到恩师董行佶老师的多次辅导,最终在1981年考入北京人民艺术剧院第五届学员班。当时他十七岁,和宋丹丹、梁冠华、王姬是同学。他们属于闻着布景味儿长大的孩子。那时家在北京的钱波一天到晚像长在剧院似的,他和男同学们在首都剧场四楼排练厅,用废弃的布景一搭,就住在那儿了。用他的话说,早晨醒来直接把杆压腿,天天琢磨的都是小品,每天十分充实。

他们班的毕业演出剧目是《王建设当官》和《家》。说来有缘,他们班与我父亲合作过的人不算太多,而钱波却参加了我父亲方琯德执导的《流浪艺人》。

钱波在同学中是第一个登台演出的。当时《蔡文姬》赴西南巡回演出,他饰演伊屠知牙师,有机会和朱琳、刁光覃、童超、苏民、蓝天野等大师级的诸多前辈们同台演出。其他的男同学都在戏中撑大杆,女同学演宫女,只有他是有台词的。许多年过去了,钱波提起当年的情景依然自豪,用行话来说,他这也算得到大师们的真传了。

常说,年轻靠形象,三十过后靠内涵。对艺术充满激情的钱波,进入日本大学艺术学院学习戏剧文学,为自己补充能量之时

生活中的钱波。

电视剧《茶馆》剧照,钱波饰演唐铁嘴,2010年。

依然忘不了演戏。演员这行要想干得长远,理论与实践缺一不可。2005年借拍电影《无极》的机会,他回来了。中国的话剧演员不同于其他艺术人才,他的根还是在国内,在有豆汁儿的北京城才能找到纯粹的京味儿,才能去充分吸收各种创作上的营养。

电视剧《茶馆》选演员时,钱波正好留着胡子,也许与唐铁嘴的外形有几分相似,被何群一眼相中。那时两人并不熟,仅仅有一面之交,甚至连名字都叫不上来。何导对经纪公司讲:就定你们公司那个留小胡子的人了!当时,有四五位演员想演唐铁嘴这个角色,最后定了钱波实属不易。

钱波在北京人艺学员班时,吃在食堂,住在后楼。天天晚上看《茶馆》的演出,戏中的每个人物都深深地刻在了脑中。但是,接到电视剧《茶馆》中唐铁嘴这一角色时压力还是很大的。虽说只有八十多场戏,如何做到从形似到神似,还是要不断地揣摩,才能将人物有光彩地立起来。

当时的拍摄地在河北涿州影视城。钱波在屋内贴满了老北京的照片，营造出一个时代氛围。冬季的影视城，一片萧瑟，到处荒凉。不分早晚，人们总能看见一人，穿着剧中的服装，趿拉着不跟脚的鞋子，在搭设的四九城中溜达。他就是钱波。钱波认为，唐铁嘴当年总会在四九城满大街的犄角旮旯儿转悠，无孔不入地寻觅着来钱的机会。所以，自己也得在四处溜达的过程中，设身处地、自外而内地去寻找唐铁嘴的自我感觉与典型动作。虽说这带着目的的溜达是个体力活，可在天寒地冻中这一来二去，人物的心理和形体的感觉就找到了。这种创作态度就是人艺的传统，老一辈演员，只要接到饰演的角色，从外向内就开始找感觉了。甚至上午拍完戏，中午回家吃饭的时候服装都不换，完全生活在角色之中，从而找到与角色的契合点。

话剧《茶馆》中，唐铁嘴先由张瞳老师出演，表现出些许破落文人的书卷气。钱波在创作这个人物时，揣摩到再坏的人也有良心发现的一面。唐铁嘴活在自我自在的当下，无比幸福。因为拖家带口，不得已以行骗为生。听说洋人在京城烧杀抢掠三天，他兴奋不已，可以捡洋落儿了。而小寡妇投河自杀后，唐铁嘴去给王掌柜报信儿，钱波在"挺俊的一人遭劫了"的原词后，加了句话："挺俊的一人遭劫了，我又不会水。"以此显现出坏人心底里的一丝善良，从而丰富了人物。由此看出，钱波不是一个照猫画虎式的演员，他尊重前辈，在借鉴的同时也有自己对人物的诠释。

钱波曾在自己的博客中这样写道：要说唐铁嘴，要了一辈子嘴皮子，但末了还是祸从口出，连自个儿是怎么死的都不知道。他早年丧偶，亲手把儿子养大。碰见要饭的，他绝不给钱，但偶尔也动动心。他虽不走正道儿，但也是步履蹒跚……他喜欢那个世道，因为他能大显身手、滋润无比；他喜欢裕泰茶馆，因为对他来说，那儿就是免费餐厅、网吧、足疗店……他喜欢王掌柜，因为王掌柜太了解他了，这么多年发善心让他赊账，这要是在别的茶馆，早被人一脚踢出去了。他虽坏，但不恶。他坑、蒙、骗，但绝不拐。他不敢把人害死，也怕见血，更不会干那种断子绝孙的事儿。您别说，他也许还剩下了那么一丁点儿"良心"，还有他自个儿的"道德底线"呢。

要成功地塑造一个角色，需要演员下功夫、流汗水，平日对生活的观察、文化知识的积累，这些缺一不可。常说"冰冻三尺，非一日之寒"，就是这个道理。好的演员，起码可以演四种以上的人物。让观众看人物而不是演员的本色。钱波享受的是创作人物的过程。在接到饰演的角色后，一定要查找大量当时人物和事件的资料

北京人艺1981年学员班合影。
前排左起：崔麟、郑天玮、罗丽歌、李珍、宋丹丹、王姬、钱波；
后排左起：马星耀、张我威老师、毛克、童弟老师、王长立、张永强、钢琴老师、苏民老师、田正坤老师、鲍大志、刘涛老师、梁冠华、尹伟。

与照片，为准确把握角色找到可靠的依据。

钱波在电视剧《全家福》中饰演萧益土，又是一个不在戏轴上的人物。钱波认为，要演好这类人物，只有把戏放在对方身上，不是在演而是要真实地进入到戏中人物的情感里，才能使观众接受。人艺的老师们教导钱波，扮演一个角色关键在于"真"到什么程度，细微的表现决定了人物成功与否。

回想当年，人艺的老一辈年龄都在五十岁上下，正是年富力强之时。那时，当演员演戏和名利无关。所有人都是好这口，如痴如醉，喜欢创作人物。什么是"本"，这就是本。本就是初衷，就是爱戏！钱波自幼追求的目标是当演员，现在能从自己创作的角色中找到乐趣，心满意足。他说："今后，当自己演不动戏时，回味起自己创作的一个个人物，是多么惬意之事呀，是一乐。"搞文化事业的，没文化不行，钱波对此从未敢忘。人艺老人讲：演戏最后就是拼修养。文化离修养还远着呢，所以钱波不管在何时何地一直以"人人为我师，处处是课堂"的心态，做到"三人行必有我师"。人艺博物馆至今还收藏着于是之先生写给他的一封信。

走下荧屏的钱波，温文尔雅，低调真诚。他不是唐钱嘴，不是萧益土，他与他们又是那么的密不可分，他塑造了他们。多年来，不管钱波走到哪儿，他心里总有一个声音在说："不演戏对不起教我的先生们，现在他们一位接一位地走了……我要好好儿干下去。"

不变的赵薇

在赵薇的家乡安徽芜湖流传着这样一句话：芜湖出了两个名人，一疯一傻。疯子是小燕子赵薇，傻子是炒货大王傻子瓜子。傻子瓜子我吃过，不错。而把赵薇和小燕子的"疯"画等号，我还真不能苟同。赵薇的确把小燕子演活了，但赵薇本人虽大大咧咧，却并不疯疯癫癫，在我看来她是个头脑聪明的姑娘，而且是个戏痴。

一

初识赵薇是多年以前，在云南红河烟厂拍《姐姐妹妹闯北京》，那时她还没大红大紫。二十年后，我们又在《一个女人的史诗》中相遇，此时她已是蜚声中外的国际影星了。剧中赵薇饰演我的女儿，那天在化装室遇到她，很久不见了，没想到她主动和我打招呼，一声"妈咪"拉近了距离。让我惊讶的是，她居然谈到我们很多年前同拍过的电视剧《姐姐妹妹闯北京》，在那个戏里我们几乎没有对手戏,只是一起从红河烟厂回昆明。没想到她竟然还记得。

在这个剧组不管是导演、制片人,还是那些认识和不认识的工作人员都对我照顾有加。赵薇、刘烨更让我感动。两人都很随和,不光没有大牌演员的架子,工作起来很积极很认真。为了使彼此更快地熟悉起来,刘烨像个大孩子,做各种意想不到的可笑的事情,在大笑之中彼此的生疏感一下子全没了!在拍一组全景时,我走了好几条。说真的,这在过去从未发生过,有点不好意思。看着他们一遍遍陪着我走,尤其是刘烨要抱着许多东西冲进来,我开始不安,怕他们给脸子看。真没想到,他们没有一句怨言,没有一个难看的表情。夏钢导演和他们一起安慰我说:"三个人第一次合作,是要找找人物基调,找找人物关系的,不急。"

说真的,现如今像赵薇这样单纯、热情、没架子的明星不多。一天晚上拍夜戏,黑暗中,我在别人的搀扶下摸进服装间,正准备

《一个女人的史诗》剧照,赵薇饰演田苏菲,方子春饰田妈,2009年。

换衣服时忽然听到一个又脆又甜的声音:"妈咪!"回头一看,一个苗条的轮廓,晃着两只手臂站在那儿,看着她的身影,感觉着她的笑意和热情,我知道是小赵薇,她这一声"妈咪"使我身心放松。"你们给妈妈挡吧,我在衣服中间换就行。"我还没明白怎么回事,服装组的朋友已经撑着块大花布为我换服装做起了临时屏风。我很不好意思,连声说:"不,不用,我站墙角,你用布挡吧。"在这简陋的服装间,为了一块临时遮挡的花布,母女俩在客气声中不停地推让着,都希望把方便留给别人。这在我遇到的年轻明星中很少见!有人还不是明星就盛气凌人,她换服装别人抢装都不能进门,而赵薇却做得这么亲切,这么自然。我在花布帘后换着衣服,心里充满甜意。

二

戏拍到中间,因孟朱导演回北京有事,只有夏钢导演主事。这天刚刚换场景,处处有些凌乱。我躲在还没归拢好的服装室,在两排服装杆的夹角处为自己刨了个安身之地。可没想到,屁股还没坐稳事儿就来了。先是来人传夏导指令,让我帮着看看服装,我还没反应过来,赵薇就拿着一件白底碎花垂感很好的布拉吉对我说:"妈咪,你看看这衣服,是'四清'回来穿的吗?'四清'回来怎么可能穿这样的衣服呢?夏导说让我问你。"问我?我看着这件漂亮的连衣裙,想象着赵薇穿上一定不难看,但那个年代,那样的身份,从"四清"的地方回省城,确实不合适。可我作为普通演员又不好讲,觉得多一事不如少一事。我看看瞪着大眼睛等我回答的赵薇,再看看站在赵薇身后同样直愣愣望着我的服装员小方,支吾着说:"要不再问问导演?听他的意见。""导演说问你。"赵薇快速回答。我,我这身份不好说呀。就在我明哲保身之时,赵薇不再等,回身对小方说:"还有什么衣服吗?""没有,时间太紧还没运到。"小方怯怯地回答。"服装没搞好,今天这场戏先不要拍,拍出去四不像观众会骂的。我不演。"赵薇的声音不大,很有威慑力。她这话一出口,本来周围乱哄哄的,一下子就安静了。我先是吓了一跳,看着她严肃的表情,敬佩之感油然而生。好个小赵,在艺术上不凑合,原则问题不让步,好样的!比我强。从此我对赵薇刮目相看。有赵薇的坚持,适合这场戏的服装马上找到了。我想,为什么现在有那么多不伦不类的戏,一方面是真不懂,另一方面,就是凑合惯了,缺少赵薇这种在工作上较真的人。

　　我知道遇到这样可爱又如此执著的赵薇,拍出的戏会很好看,因为大家的劲往一块儿使,就会碰出火花。有一场戏,开拍前我小声对她说,剧本提示我要用手狠点一下你的头。她大大咧咧地答道:"没事,点吧。"导演一声"开始",没想到我一回身,手指没点到她额头却点到眼角边。我心里吓了一跳。观察赵薇的脸色,哎,一点不变,跟没事儿人似的。我的心放下了。也许大家不明白,工作中用这么小心谨慎吗?回答:是,用,太用了!这个时代与我们那个年代不同啊……这部戏,赵薇的最后一个镜头是哭着向我解释,却被我打了一耳光。说真的,我下不了手。每次我打完人都会说对不起。都会给被打人买点什么。虽说是演戏,可这心里总是过意不去。赵薇看出我的犹豫,把我叫过去说:"妈咪,没关系,真打,一定要真打!"传来摄像师的声音:"要真打吗?"赵薇回答:"当然!"一切就绪,导演一声"开始",只见大颗大颗的泪水串串从小赵脸上流下,我边在画面外帮她搭词边做好准备,我不希望因我的失误来第二条让她受两次疼。镜头一次过,一片掌声。带着泪的她杀青了,镜头调过来,我已站在了位置上,可还是能听见她在导演那屋又咳嗽又吸鼻子,我知道她戏中的劲儿还没过去。也不管灯光师对我的吆喝:"我说,嘿,嘿,对光呢,哪去?"就一步跳进了导演屋,问坐在夏导身后的赵薇:"怎么样?"小赵用被泪水润得亮晶晶的大眼睛望着我,面带笑容,嘴里一个劲儿地说:"没事没事,我就是这样……"我做出一个夸张而痛苦的姿态说:"噢!我的心在滴血。"全屋的人都笑了,小赵那挂着泪痕的脸笑得最开心。

三

记得有一次,拍完戏我搭赵薇的车回住地。赵薇问我:"妈咪,你这辈子如果不拍戏,想干什么?"我想了想,竟想不出不演戏我能干什么。我曾视戏如命,因此演了一辈子。突然问我不演戏干什么,一时我真答不上来,于是回答说:"我除了演戏,不知能干什么。""我也一样,我也除了演戏不知能干什么。"赵薇声音不大,如同自语地对我说。"你想当导演吗?"我问。"想过,我还要去上学,上学很重要,我也许会做做导演。"天很黑,又下着雨,车子在泥泞的土路上歪歪扭扭小心地开着。黑暗中我们没有再交谈,我看不清赵薇的脸,却能感觉到赵薇对自己的人生心有定数。

后来我听说她又回到母校上学了,读研究生。再后来,听说她当导演了,拍了个电影叫《致我们终将逝去的青春》。听说这部戏拍得非常辛苦。那个季节雨多,她带领大家常常在现场等雨停,一等好几个小时,不能按时收工,不能睡觉……我听到这些似乎看见第一次当导演的赵薇亢奋地睁着大大的眼睛,望着天空不停落下的

电视剧《一个女人的史诗》剧照,赵薇和方子春。

雨水,期盼着太阳。这个戏赵薇付出很多,人也憔悴了不少,但她心甘情愿。做导演是自己想干的事,能干自己想干的事情,是多少人求之不得的啊。后来电影上映了,反响强烈,票房飘红。赵薇在采访中讲,其实做导演不是需要有多少技术,掌握多少理论知识,最重要的是要有所表达,对社会要有所意义。

她通过这部电影做到了,我真替她高兴!赵薇已经到了人生最成熟、最出成绩的黄金年龄段,我希望如果我有机会再次遇到她时,她依然充满朝气,依然平和朴实,依然优雅美丽,永远是我心中的这个赵薇。

秦海璐：水做的女人

秦海璐一直是我关注的演员之一。在演员中，她长得说不上沉鱼落雁，她接的角色不一定戏份吃重，甚至人物也不一定立体饱满，但只要是秦海璐演，就好看，就有戏，我就喜欢看。她就有这样一种魅力。用我们行话说，这叫有台缘儿。演什么是什么，对演员来说，一方面是天分，一方面是勤奋。拿到手的大小角色一个也不放过，用心演，会演，才会有台缘儿。曲艺界有句话叫"吃了吐"，就是把别人的词原封说一遍，顿悟后再反出来。我们演员演戏，也要先把编剧、导演的意思吃进去，吃透了再表现出来让观众看。在我看来，秦海璐正是这样一个演员。

一

2013年的初春，在一个阳光洒满窗棱的早晨，我收到经纪人谢鹏的电话。他告诉我上半年有部电视剧，在青岛拍，戏份不多，

秦海璐在圈子中的口碑极好。

百十来场,饰演女主角的母亲,人物有亮点,问我接不接?女主角由秦海璐扮演。听到与秦海璐合作,这戏我接了!能和好演员合作是一种幸福,那种感觉就一个字,爽!这种感觉和傅彪合作时我有过,和林永健合作时也有过,我希望和秦海璐也能找到这种默契。

人到新剧组,按常规我除了试装还习惯摸摸组里的情况,比如谁投资,谁导戏,男女主角是谁,谁什么脾气秉性,是否好合作等等。提到秦海璐,上至投资方下至场工,人人都说:"好,人特好。"不易,也让我放心不少。三天后在片场我见到了戏中的女儿。秦海璐本人比镜头中娇小一些,穿着一身休闲的家居装,她说话直对着你的脸,让人与她对视时,一眼能看到她的心底。她不装,脸上淡淡的微笑让人舒服,好似邻家女孩。我们就这样相识了,没有客套,直奔工作。在现场,除研究戏以外,她说得最多的一句话就是:"现在干吗呢?在等谁?"她一脸严肃,声音不大,但很有威慑力。她是快言快语的人,眼里不揉沙子,有她催场,戏拍得又顺又快。我遇到过不少演戏认真的人,但在现场像海璐这样头脑如此清楚的不多。她不光知道她的台词,连你的调度,甚至你还有几场什么戏,大概还要几天拍完她都门儿清。我真心服她,也觉得如果她没投资不可能这么细。

一天我私下问海璐,她是不是给这个戏投资了?她摇头否认。她诚恳地告诉我:"方老师,工作时我很较真。因为我是来搞艺术的,但有人是来赚钱的,我们有本质上的不同。再说,好戏现在也不一定好卖。老板拿这么多钱拍戏,信任你,你要对得起老板。我认真演戏,拿良心钱。可老百姓想看什么谁知道呢?就好像你准备了裙子,可人家要穿裤子,这也是没办法的事。老板的风险也大得很。"她如此善解人意,我由衷赞同。

片场有海璐在就特有凝聚力。我问过她,开工时那么严肃就没人误会你吗?她说:"不怕。只要大家互相尊重,公对公,事对事,如果我很真诚,没有坏心眼儿就不会伤到别人,就会有好的工

电视剧《幸福稍后再播》剧照,母亲(方子春饰演)在抚慰劳累一天的女儿叶灵(秦海璐饰演),2013年。

作氛围。大家一开始也许会认为有什么说什么，办事太直接，不太习惯，但时间长了，会觉得很好呀。我从来不认为谁比谁傻，或我比谁聪明。用一个什么态度对人家很重要，工作就是工作，没有什么感情色彩，工作时我总是单刀直入，不想浪费时间，早拍完早收工，大家休息不好吗？"她说的很有道理，想想这些天的合作，不管我如何处理人物，海璐从没给我提过要求，像某些演员要对手这样那样的。她总是接受我的表演，不动声色地做出相应的反应，表现得极其专业，训练有素。海璐能做到这点源于她上学时的班主任常莉老师的教导。一次排练，海璐觉得对手演的不对。常老师告诉她："你不要老想别人的对或错，杀人犯也有他的理由，所以戏怎么演都是对的。"从那以后不管别人怎么演，海璐都会欣然接受，去适应。要知道，不是每个专业演员都能做到这点的。有些所谓的腕能做也不做，认为自己是大牌，别人都要适应他，其实这正说明他还不明白什么是演戏，什么是做人。

  秦海璐在圈子中的口碑极好。有人说："秦海璐太努力了，有时让人心疼。"此话一点儿不假。海璐工作很认真，甚至对自己很苛刻。她的戏很重，社会杂事也不少，但我从没见过她在戏上有丝毫放松或者趾高气扬地说话。秦海璐二十一岁大学刚毕业就因电影《榴莲飘飘》获金马奖。从那时开始，十几年过去了，年轻的影后一路走来获奖众多，没过过一天小演员的日子，但她从不耍大牌，和大家一起出工，待人和气，对她的小团队如同姐妹，甚至大家想吃什么，她亲自下厨做给大家。不拍戏的时候，你看不到她较真，为人处世很是随和，大有"上得厅堂，下得厨房"之风范。她是个在生活中没有计划、没有设计、一切从兴趣出发的性情中人。在海璐眼里没有什么是不能化解的。作为女演员，相貌不够漂亮，爱情不够顺利，在别人那里，可能耿耿于怀，但在她眼里，全不当回事儿。她不用为生活发愁，为钱演戏。因为演艺这职业想干就干，不想干也没人逼你。日子过得顺风顺水，心平气和，有章有法。对她来讲，干着自己愿意做的事，就不会觉得有什么坎。

二

在人们眼里，秦海璐的爱情之路并不顺利，她自己却不这么认为。人说要追求幸福，海璐却说，追求幸福是个特别不靠谱的事。海璐问我是否看了她参演的电视剧《假如生活欺骗了你》。这部戏就说明了一个道理，其实，生活欺骗不了你，只有自己骗自己。那是因为你不了解自己，把自己的理想、要求摆得过高，是自己欺骗自己。海璐是个敢爱敢恨的人。每次爱的相遇她都是用尽真心，把情全盘托出。她对自己的心路历程从没后悔过。过去就让它过去，明天的太阳照常升起。她就是这样拿得起放得下。

在工作中秦海璐果断、强势、雷厉风行，但在生活中她随性、素面，窝在沙发中可以一个星期不动。作为一个女人，紧张忙碌的工作后她多么需要一个肩膀、一个胸怀、一份有人疼有人爱的温存。而这份温存两年前她总算遇到了，在接受爱的同时也有了给予爱的对象。这次东北姑娘秦海璐遇上西北汉子王新军，两个明星都有昨天的故事，如今撞出了爱的火花，一时被媒体炒得沸沸扬扬、云里雾里。就连在一起拍戏的我，嘴上不问，心里也多少有些好奇。我不是爱八卦，因我认识王新军前妻在先，之后认识新军。几年不见，身边换人了，让我有点丈二和尚的感觉。我进组大概半个月之后，终于见到新军。那是一个雨天，我们在外景地拍戏。天上的雨蒙蒙地下着，时大时小，上山的路格外难走。在山顶等了好久雨才停下来，看天光还有，先抢拍了我和海璐的一场戏。导演刚刚喊"咔"，海璐就张开双臂，一个大起范儿，不管道路湿滑，孩子般飞奔向坡下跑去，给迎面而来的王新军一个大大的拥抱。她这样跑上跑下反复着，那叫一个幸福。

经过爱情的洗礼，海璐更多了几分成熟女人的端庄与沉稳，韵味十足。自从海璐与新军在一起，她就把新军的父母接到北京同住。在她与新军的生活中，海璐早已把自己视作王家的一分子。她把孝道放在首位，用她的真诚爱着老公，爱着生养她心爱之人的父母。而让我没想到的是，这个因客观原因暂时还没完全过门的新媳妇能那么踏实地伺候公婆，贴心地下厨做饭。两人一同上街买菜，不管走到哪儿，总是想到公婆需要什么。有时从天南地北快递的东西家里根本吃不了，邮费比东西还贵，可海璐不在乎，她递的是一份孝心，哪怕老人吃一口、尝尝鲜她都高兴。其实老人也不在乎收到什么，他们在乎的是你的惦记。现在新军妈妈喜欢逢人就讲："这衣服是海璐给我买的"，"海璐带我们上哪儿去啦"，话里话外除了自豪还有由衷的高兴。

都说"不是一家人，不进一家门"，可要是真把公婆放在一个屋檐下同住，时间长了能行吗？说实话，我也算个孝女了，就是亲娘我也喜欢保持一碗汤的距离，也就是说，住得要近，好照顾，又能相对独立，少矛盾，不会太累。海璐可不这么看，她说："老人就是孩子。不要拿自己当孩子就行。"她从不觉得和老人一起生活会累。为什么会累？当然，没有牙不碰舌头的。她认为老人给我们的宽容比我们给他们的还多。孝顺，孝顺，孝就是顺，海璐妈妈告诉女儿："对老人别说孝，要先说顺。"是啊，自己的妈，怎么怄气，就是三天不说话照样给你送大包子。而婆婆有所不同，要顺。海璐由衷地说："新军妈妈是个普普通通的老太太，她能有什么要求？无非就喜欢吃点凉菜，喝点粥。那我就做，所以在家我做饭，后来新军也做，我们俩换着干。而老太太会把我的衣服烫得好好的，我每天飞来飞去，有人把衣服搞得好好的，这不是很好吗？"随着这些话语，我眼前出现了一幅多么温馨的画面，生活就这么单纯地走下去吧。海璐又说："人要有平常心。我们现在有大房子，过去没有房子、老少三代住一起时你爱一个人你不是也要嫁他吗？给钱不叫孝顺，孝道不是这样的……"海璐还会单独陪二老去旅游，在拍戏时常把二老带在身边。听说这次在青岛拍戏时新军的父母也在，小俩口不管戏多重，照例对老俩口细心关照。新军的父亲身体不好，肝腹水已有十四年之久，新军在北京工作，又忙于拍戏不得空闲，二十年来照顾父母的事都是弟弟在做。前段时间新军爸爸又犯病了，这次他与海璐一同回去照看父亲。海璐因工作先回来，新军推掉事情在医院守护了二十多天。其实他们完全有能力给老人买房单过，但考虑到住在一起不光能互相照顾还能增进亲情，一举两得再好不过了。看着海璐那么由衷地说着这些话，真心让我折服。

  这一切源于海璐有个开明的好妈妈，她言传身教，用爱心与孝道教出了一个知书达理的女儿。海璐虽然很小离家，但她骨子里的东西丢不掉。海璐的母亲出身高，即使经过文化大革命的洗礼，生活再俭朴，海璐妈妈依然很讲规矩，是那种进了家门不用缸子而要用茶杯喝水的人。在她心里，人要有家教，讲规矩，尽孝道。海璐妈妈说："为人孝都不尽，我不能把女儿嫁给他。"海璐妈妈是看到海璐和新军把父母接到北京同住才应允他们在一起。在拍戏的空隙，海璐总是在接妈妈的电话，她们说着最普通的家常。海璐和妈妈说话时的神态，她那份女儿对妈妈讲话的娇劲儿让我暗暗感动。我问过海璐："你妈老给你打电话，什么都管，什么都建议，有的年轻人会烦，你不烦吗？""妈妈的叨叨有时也会很烦，但想到突然有一天短信不响了，心里特别难过。我害怕过，害怕它永远不响了。所以她说什么我都听着，能接受。"

也许女人真是水做的，随形而流。生活赋予她什么，她都能很快适应，接受，化解。秦海璐是个活得太明白的女人，这样会有两种结果：一种是所谓的苦，另一种是自得其乐。海璐说："别人看我，应该很苦，其实我是自得其乐。"

对生活知足、懂得感恩的她，没等我的书出版就幸福地结婚了，前几天又听到她怀孕的消息，说不定我这本新书会与海璐和新军的宝宝一同问世，那可是件大好事。想到这我就高兴，一脸的笑容。我真心祝福珍惜所得到一切的海璐永远幸福，永远快乐。

陶虹：人淡如菊

她总是如此淡定，优雅地坐在那里，素面朝天，朴实无华，带着亲切、坦诚的目光望着你，静静地听你述说。这就是陶虹，一个最好的倾听者，一个最好的合作者。只要想到她的名字，就能让人愉悦和恬静。

我和陶虹很早就认识。那时，她大学刚毕业，我们同上一部电视剧，是根据老舍先生的原著《离婚》拍摄的。那时的陶虹清纯而美丽，没开口说话，天生的一双笑眼就先弯弯地望着你。

陶虹是个比较简单的人，可能有些人不知道，她曾是一名花样游泳运动员。我曾问过她，做运动员时给她留下印象最深的是什么？她略加思索，轻声说："刚练体育时，觉得第一名很重要。"她第一次参加的重要比赛是全运会，当看到即将退役的老队员为没得到冠军痛哭流涕以致领奖时都站不直，她也落泪了。从此她觉得竞技比赛也没有公平可言，尤其是这种表演性质的体育竞赛。也是从那时开始，她就觉得没必要非争第一，十几岁的她，想的是一年又过去了，自己的业务是否有所提高。在她看来，重要的不是跟他人

电视剧《离婚》合影，左起：陶虹、葛优、张英、方子春。

的比较，而是自我的成长和提升。

陶虹一直觉得自己是个超理智的人，甚至感觉这样的性格可能不适合做演员。她自认考不上清华、北大，只能上艺术院校，所以那年她同时报考了三个艺术院校：上戏、中戏、北电，而且都榜上有名。当时的她想的是，只要能上大学就行。至于选择哪个学校，她当时主要是比较一下哪个学校离家近。那时的三环路就算郊区了，去北电上学，地点有些荒凉。而中戏就在城里，坐一趟车就能到，挺顺的，就这样懵懵懂懂的，陶虹去了中戏。当时也没有什么明星梦，觉得有书读就是好的。在中戏，陶虹主要学习的是舞台表演，她声音好，在舞台上有穿透力，而且形体有天赋，这两点倒是不吃亏。可是，她人瘦小，在班里个头最矮。班里女孩都是一米七左右的高个子，演舞台戏陶虹觉得自己没优势。于是她去问老师："什么样的类型在舞台上生命力最强？"老师讲："大青衣呀。"陶虹一听好似一盆凉水从头浇了下来。好在时代在变革，话剧和银幕间的隔阂被消除了，陶虹没有被局限在舞台上。她用自己的实力不光完成了一个个人物，而且多次获奖，受到业内外好评。陶虹演戏是用真情的，总是喜欢从全局看一部戏，当看清楚后，再找到自己扮演的角色的依据，从而正确地创作。

初进演艺界时，有一件事情让陶虹至今念念不忘。有一部电视剧叫《其实男人最辛苦》，里面陶虹和冯巩演对手戏，李婉芬老师饰演大姨妈。有一场戏，陶虹饰演的滴滴找不到人着急地哭了。那天因为学校有课，陶虹左等右等老是拍不到她，不免心里着急。总算开拍时，自然有些分神。李婉芬老师看着坐立不安的小陶虹，语重心长地说："姑娘，你得走心呀……"一句话，让陶虹非常惭愧，陶虹自问，既然演了，又不走心，为什么？看似小事，对于陶虹触动却很大。在表演时演员自己不感动，怎么能感动观众？许多年过去了，陶虹再也没犯过这样的错误。她用心对待每一个角色，这是对观众也是对自己负责。她说她一直不太愿意拍古装的宫廷戏，因为有许多拗口的话，她认为语言不能自然说出口，戏就会别扭。陶虹十分注重细节；很看重台词的内涵和动作的准确。

陶虹对工作是个认真负责的人，要么不接，接了就要搞好。她曾接过一部戏，从剧本到现场全不到位。如果自己不出剧本就没的拍，现场不是没轨道就是没高腿，连剪辑也要管。在这样的条件下处处要陶虹参与，这才完成了拍摄。她真心觉得，只要努力，什么都能做。当然，这次也付出了很大代价，她连续发烧一周，天天39℃，剧组还不让休息，终于嘴上长了个大泡，想拍也不能拍了，结果停了十天。那段时间陶虹的头发大把大把往下掉，有了这样的经历，陶虹接戏更加谨慎。

2011年年底，我和陶虹又一次在电视剧《买房夫妻》中相遇，我饰演她婆婆。距离我们第一次合作，已经过去二十多年，但我感觉她似乎没什么大的变化，一点儿架子没有，待人依然亲切热情。当时正值北京的冬天，影视基地没有暖气，我们的戏在刚刚搭建墙还未干的"房子"里拍摄，那叫一个冷。鼻头永远冰凉，鼻涕不停地自流而出。此时如果陶虹站在我对面，她会拉起我的手，放在她的手与暖宝中间，轻轻捂着。如果我们站的离床近，我们会一边对戏，一边把手放进被子里暖一暖。

记得有一天，大清早的第一场戏，是我在院子里洗猪肠子。时近春节，天寒地冻，连续下过几场雪的北京刮着刺骨的寒风。虽然美工组为这场戏准备了热水，可天太冷，待水倒到盆里已不见一丝热气，盆里盆外全是冰。作为演员，我只有演，可两手放进冰碴水里，再洗那猪大肠，立马红肿起来。镜头一拍完，陶虹、王千源包括剧组的同仁们立刻用水、用油、用各种东西为我去味儿取暖。缓过来的手似小针在扎，但心里暖暖的。

也许人们想不到，拍摄中上厕所是个老大难。厕所一般都在好远好远的地方，我为了少上厕所甚至不敢多喝水。为了方便，陶虹租了辆房车，一是大家能上去坐坐躺躺，吃个热饭；二是女同胞上厕所方便。可我总是不太好意思用人家的厕所，好几次我走出挺远，陶虹看见了，还叫我："方老师，您就在这上吧。"我虽然没有用厕所，可陶虹招呼我的声音却永久地留存在记忆中。在与陶虹接触的一点一滴中，她总能让人感觉舒服，好似邻家女儿。几个月的朝夕相处，大家像一家人，无人不夸她的为人、她的戏。

陶虹觉得演戏如做人，和演员的生活积累密不可分。我始终以为，像陶虹这样的演员一定会觉得"戏比天大"。陶虹却反问我，为什么"戏比天大"？她说，戏就是戏，戏演得再真，也是假的，真正重要的是自己的生活、自己的人生。自己和别人不同之处是很理智，可以用旁观者的态度观察事物。陶虹喜欢感性的演员，比如

她总是如此淡定,优雅地坐在那里,素面朝天,朴实无华,带着亲切。

周迅。由于本人感性,天赋中包含着自然的表演力,可以将敏锐的感受力化为激情。而陶虹认为自己不是这种类型。她很注重家庭生活,对于家人她十分上心。私下里陶虹总自嘲"找累""事妈",但我觉得,这是她对生活的态度。我笑称陶虹是"生产生活两不误第一人"。拍《买房夫妻》时,徐铮在拍《泰囧》,陶虹除早出晚归地拍戏,家里还装修,同时还得照顾孩子。星期天她和王千源都把一星期没好好交流的女儿带到剧组,好在拍摄间隙和孩子亲热亲热。陶虹在戏里饰女一号,全剧七百多场戏,人们从没见陶虹迟到或工作时有丝毫倦怠,该有的都有,几乎不错一句台词。她是铁人吗?她不累吗?陶虹听我这样说,咯咯地笑着说,事业和家庭都要处理好无非少睡好些觉。

在去上海做宣传时,我亲眼见到她与婆婆朋友般的交流以及婆婆对她由衷的赞美。我这个假婆婆问陶虹的真婆婆,家里来了个明星儿媳妇,她感觉如何?人家笑着说:"好呀,陶虹对我很好的。我早知道她,喜欢她,我是她的粉丝呦,很开心的。"听着陶虹真婆婆的回答，我这个假婆婆哈哈地笑了起来。

我曾跟她探讨对婚姻的看法，她认为，婚姻是个偶然，你可能碰到一个非常对的人，但是时机可能不合适。等你真正想结婚时，却又感觉这也不合适那也不合适。我问她为什么嫁给徐铮，一个当时不算大红大紫、形象也不算特别英俊的演员。陶虹想了想回答我，她对外表缺乏感觉，外表长得好的人不往心里去。她觉得两个人在一起，至少要有话说。我觉得这话说得对。但干演员这一行当，有时候不免会有绯闻，这种情况又该如何处理？其实我当时心里是想到前不久那件有关徐铮的事情，但又不好直接问。没想到陶虹倒十分淡定："绯闻不重要。在人生中'性'不是很大的事，占的比例极小，只是生理需要的话，其实无足轻重。如果需要改变双方的生活现状，会坦诚相告的。现在人很计较，既然当事人都讲开了，和局外人有什么关系呀。"这样的回答让我吃惊更让我佩服。有些人平日高谈阔论，遇事便成另一副光景。而陶虹不一样，遇事不回避，还能从容应对，她是我见过的最淡定的女人！

谈到女儿，陶虹满脸洋溢着幸福，她认为对孩子既要教育又不能扼杀天性。陶虹对自己要求就是严格的，自己做不到的事情，不会去要求别人。自己可以做到的事情，也不要求别人，只是教授他人，使其逐渐可以掌握。对于孩子，同理亦然。"没有十全十美的妈妈，也没有十全十美的孩子，孩子和妈妈的关系就是缘分。"她觉得孩子所有的一切源自家长，家长就是孩子的榜样，所以言传身教是最好的教育。现在带孩子的妈妈，有的在拼命的工作，有的在家里带孩子玩，状态是不同的。她感到还是要工作，对自己有要求，做一个精神面貌好的妈妈。陶虹认为自己在儿童教育方面，还是挺弱的，有时孩子不想让陶虹去工作，陶虹顺嘴讲："不去工作怎么能住大房子呀？"过后一想，这么说不对，因为工作会使人生更精彩。工作不仅是为了挣钱,演员这个职业是乐趣,是爱好,可以实现自己的价值,在工作中可以自得其乐。陶虹也从来没有为钱去工作,所以她觉得对孩子要有正确的引导,不能对她撒谎。人生有得有失,要珍惜和孩子共度的童年时光。孩子转眼就大了,越来越有思想,越来越独立。工作时间长着呢,而且才华不是显摆给别人看的,不是虚荣心的满足。陶虹的话句句说在我心里。

陶虹始终认为,一个人有梦想是很好的。做一件事之前都要有自己的思考,绝对不要因为意外的发生而改变了自己的初衷。和陶虹在一起,总有说不完的话。我喜欢陶虹,喜欢她这份真实、坦诚与淡定。在这个圈子里,这样的品质真的很不容易。

何晟铭、宋允皓、魏巍——后生可畏

在演艺之路上,我遇到过形形色色的人,其中有不少是从专业院校毕业的年轻人。他们有的带着满脑子一夜成名的幻想,但经不住世事艰难,随之退却改行、另辟蹊径;而真心热爱艺术的人,会用尽浑身解数在演艺圈的旋涡中挣扎、拼搏,即使前途渺茫也绝不放弃。他们在实践中不断学习、提高,等待着出头之日。他们用自己的真诚和努力在实现梦想的道路上不断前行,让我一次次看到什么是后生可畏。

一、何晟铭

初识何晟铭是在一个平常得不能再平常的日子,而让我没想到的是,从那天开始,我多了一个小忘年交,一个叫我"方妈妈"的好儿子。

那是我在《婚前协议》剧组拍的第一场戏,戏里镜头不多,就是坐在法院的旁听席上,看当律师的儿子为人辩护。我仔细打量起这个饰演我儿子的小哥来。一眼望过去,站在辩护桌后的何晟铭形象端端正正,气质也不错,可他一开口,我和这次饰演我丈夫的秦焰全笑了。我们笑他那一口广东腔,笑我俩老北京怎么有这么个口条的孩子。我这人有点小傲气,或者说比较自重,一般不太与明星们过热,尤其是年轻人,不招。他们的世界我不懂,我的世界人家也不一定感兴趣。真用功、真放下架子想学东西的现如今不多喽,咱别招人烦。所以,拍完戏我往往找个旮旯一坐,看本子养精神。没想到在拍戏间隙,何晟铭主动找我来了。他蹲在我身边,亲切又朴实地问道:"老师你好。你是演我妈妈的吧?那我就叫你方妈妈好吗?"一句"妈妈"拉近了我们的距离,妈妈要有妈妈的样子。我顺手拿过他手中的剧本,忘了我先前告诫自己的话,一字一句地帮着小何纠正起口音来,力求把我们快速变成一家子。小何没有一点儿明星架子,一字一句地学,天生聪慧的他学得很快。当副导演

电视剧《婚前协议》中方子春与何晟铭演母子。

何晟铭对来拍摄现场的父母关心备至。

再次叫他进场时,他孩子般地笑着,站起来走了几步,回过头来说:"我觉得好多了,方妈妈,只要我们一起拍戏,你就教我普通话。好不好?"我认真应允,看来孺子可教。

　　小何的戏份很重,加上社会活动、公司运作、各种采访又要他亲力亲为,一天马不停蹄。可再忙有两件事他每日必做:一是每日要抓时间看看书,一是不忘与父母交流谈心。何晟铭是个非常孝顺的孩子。没有时间回家,他就每日和父母通电话,或者把父母接到身边。记得在那段日子里,只要小何来现场,就会有两位老人站在院子外,远远地等候着,不声不响地看我们拍戏。经小何介绍,我才知道这对温文尔雅的老人是他的父母。小何的父亲是名教师,按他的本意是希望子承父业。但是何晟铭小时候很调皮,好动,于是就去学习了舞蹈。爱唱爱跳的他从一九九三年走上舞台这二十多年来,一直在演艺界奋斗着。何晟铭的艺术之路并非一帆风顺,几上几下,但他从不放弃。此时,小何的父母总是陪伴左右,给他告诫,给他支持,给他温暖与关怀。小何在父母面前则是个大孩子，又像他们的朋友。只要导演一声"咔"他就会跑到父母身边与他们聊几句，搂搂爸爸的肩，亲亲妈妈的脸，让人羡慕不已。

何晟铭是个好青年，他的孝顺、善良、用功有目共睹，而他对人的真诚、对工作的热忱也让我感慨良多。记得我的新书《谁在舞台中央》在西单图书大厦举办签售活动，小何不光自掏腰包买下二百本书送给他的影迷朋友，还亲自到现场给我加油鼓劲。为了给我增加人气，他不光去，还做得恰到好处，例如比濮存昕晚些进场，以示对濮前辈的尊重。记得那天来的人很多，签售已过半，小何令人找我附耳询问可否进场。我赶忙请他进来，何晟铭的出现使会场又一次热闹起来，在他影迷的尖叫声中，何晟铭首先与濮存昕握手，一声"濮老师好"让我看到小何的真诚、贴心。那天我坐在何晟铭与濮存昕中间，当他们两双有力的手在我身前握到一起时，我的内心竟有些感动。我觉得有他们的支持，我并不孤独，坚守正能量，清白做人，认真演戏，就这样一直走下去。

每人都有自己的故事和经历，何晟铭一路走来，把坎坷视为人生财富。人活着容易，活好了，活出个样儿来，不容易，活得风生水起、落地有声更不容易。何晟铭一步一个脚印，不惜力，不怕苦，懂得虚心与尊重，懂得真善美。他有着自己的目标和理想，他用最朴实的一句话告诉我："最终的一切，还是需要自己去面对和解决。只要坚持，就会获得相应的回报。"

二、宋允皓

拍戏过程中，我接触过许多年轻人，我能感觉到他们与我们这一代不同的艰难。做这一行的人越来越多，社会上充满挤压与诱惑，种种生活压力对每个在名利场生存的人来说都不容易。也曾亲眼看到他们用不同的方法努力拼搏甚至奋力挣扎，为的就是能碰到好戏、好角色。宋允皓就是他们之中的一员。

我认识小宋也是在《婚前协议》剧组，我和他见面多是在用汽车临时改的化妆间里。在这个戏中他造型时尚，不算短的黑发染成了黄色，用发胶喷得直直地向着天空。一身紧身黑衣裤，手腕上挂着亮链子。看他这酷酷的样子，我还真不敢和他说话，倒不是小宋本人有什么轻狂之处，而是老太太我怕和年轻人有代沟。可小宋是个开朗好学的大男孩，他的热情使我与他很快熟悉起来。

在拍戏之余，我们常常坐在一起聊天，从对剧中人物的理解到日常的生活琐事无所不谈。在这个过程中这个中戏表演系96班的年轻人也会和我说说心里话。小宋告诉我，他觉得戏剧学院给他们这些学生带来的是一些光环——从专业到各方面都受到过系统的、

宋允皓在电视剧《婚前协议》中造型时尚。

正规的教育，但是走出校园以后，从学生到艺人的这个过程中要有一个心理上的转换。因为真的到了剧组或是社会上的时候，心态往往会由自信变成一种自卑。小宋就是这样，有段时间不太顺利。他觉得自己被架空到一个位置，高不成低不就。虽然知道自己的能力，但是又没办法去把整个人放下来，就选择了逃避。他给我讲了一个小故事。有一只鸟，在非常寒冷的天气里已经快被冻死了。这时突然过来一头牛，在它身上拉了一泡屎。这只鸟在粪便的温度里面，存活了。当它苏醒的时候，它非常非常高兴，于是兴奋地叫了起来。这个时候，过来了一只猫……

我问他，这个故事说的是什么意思呢？

他回答："人处在逆境中，一些你认为是不好的东西——生活也好，形象也好——像一泡屎一样，但是这并不一定会毁了你，反而会帮助你存活。然而，当你苏醒了，当你成功了，也并不一定就是一件好事情。越在你能得到给养和支撑的时候，越是要收掉你的声音。外界给你的荣耀或者其他东西不一定能帮你，有时可能是会害了你，比如那只猫的喻示。我经历过等待，痛苦的等待，然后也有过这个圈子的一些不好的习惯：吃饭、喝酒、去卡拉OK。但是后来发现，这只会降低你的个人素养，没有任何帮助和提高，也不可能通过这些换回所谓的机会。经过了一段短暂的消沉，自己慢慢静下来，静下来几年的时间。我不会为了生存或者其他外在的东西出卖自己。在那段时间我大量地去看电影和阅读，这对演员来说很重要，我从中得到了非常多的帮助。"

小宋是个很明白的年轻人，他说："名，我觉得是要追求的。但是每个人求名所带来的东西是不一样的。有些人追求的是不一样的生活，是可以在很多人面前荣耀非凡，也不排除为此求名。但我觉得，一个人在有名的时候，他的自信心包括他演戏的状态是不一样的。很多成功的演员，都是从默默无闻开始的。而另一些优秀的演员在刚刚成名之后，会更加地爱惜自己已得到的这一切，包括好秉性、名声和威望。我觉得我的成名是想朝后一种方向努力的。包括得到这些名以后，可以和更加优秀的团队合作。说白了，就是没有那么被动了。你可以主动地去选择了。从毕业到现在，我归纳了一下这个过程，从充满自信地进入了大学，然后一直在一个光环里面生活，到了社会、剧组，又有一种失落感。我们班又是一个明星班，所以总觉得落差很大。我有一段特别想努力，但是没有坚持，选择了逃避。我觉得逃避也有好的一面，可以静下来，去尽量多吸取和学习在学校以外的一些经验和知识。通过演戏，我不断地和一些优秀的艺术家、演员合作。我特别喜欢跟一些年长的演员聊天，因为从他们身上能够学习到很多东西。从心态的转变到最后一步步地爬升，这是一种经验的积累。现在我觉得非常好，在快乐地生活。"

为了演戏，为了心中的艺术，宋允皓用尽浑身解数在努力着。我觉得他是想通过自己的努力在社会上获得一席之地，向世人证明——我有能力，我是自己干出来的。其实，能最后立于不败之地的人，有几个不是在艺术之路上跌跌撞撞最终走过来的呢？我祝愿这些好青年能早日到达事业的顶峰！

三、魏巍

谈了何晟铭和宋允皓再说说魏巍，一个由主持人跨行当演员的人。提起魏巍，一张英俊快乐的脸就浮现在眼前。魏巍给我的感觉十分阳光，话虽有点密却不讨人厌。为了纪念他主持人生涯中的第

由主持人跨行当演员的魏巍。

一档节目——KK.COM,他为自己起了KK这个名字。KK一直给人阳光向上的感觉,大家都很喜欢这个开心的大男孩。

  在拍戏的过程中发生过这样一件事情,拍一场送别妻子宁宁去深圳前全家聚餐的戏,演员几乎全到了。这是KK的重场戏,他有一大段对妻子掏心掏肺的独白。说实话,虽然KK为这段咏叹调做了准备,但在我们几个老演员看来,他对人物对这段台词理解得还不够。我们人人都想尽快把如何分析人物内心,如何准确表达人物的喜怒哀乐教给他。在拍摄的空隙,潘虹老师给他一段段地分析剧本。我发现虽然KK没反驳却仍有些懵懵懂懂的,趁拍摄间隙就把他叫过来,又给他接着分析。KK先耐心听我说,在我停顿的时候,他小心翼翼地说:"方老师,我是这样想的……""你这样想的就对了!"KK话还没说完就被走过来的王华英老师把话截过去。我看王老师接错话茬就笑了,可被我们几个人一通轮番教育得有些发蒙的KK没有笑,也没有再争辩什么。我马上意识到,老师们有些拔苗助长急于求成了。看着平日嘻嘻哈哈今天严肃了许多的大男孩,我觉得这孩子有修养,其实他对人物是有设计的,并不同意我们对人物的分析。但他知道我们是为他好，为表示对各位老师的尊重，不再阐释。现如今不是每个孩子都能做到这点，KK能够先听进去，保留自己意见的同时认真听取他人的建议，这是一种学习态度，有良好的学习态度，才使我们都愿意教他。

KK十九岁那年孤身来到北京，通过层层选拔，总算考上中戏大专班，那时他叫魏巍。魏巍到了学校才知道，这条路上有多挤。毫无背景的他为了不被挤出这行，从大二开始就不停地接各类杂活，拍广告、跑龙套等等。他希望毕业后在这个陌生的城市不要一点儿关系都没有，在这高手如云的行当中，不要被过早地吃掉。很快，一年过去了，毕业后的魏巍加入了北漂的行列，他同大多数的北漂演员一样吃过不少苦，干过不少行当，甚至一天跑几个场，白天打完工晚上去歌厅扮小丑。常言道，年轻就是本钱，因形象不错又不怕吃苦受累，魏巍的生存环境比其他北漂要好些。他没有住过地下室，在与朋友合租的楼房中他在客厅中有一块自己的小天地。此时魏巍有了他的初恋，一位不满二十岁的美丽姑娘。两个对艺术充满憧憬的年轻人，在生活中也十分浪漫。他们虽然没有钱，但有人生的目标和纯洁的爱情，觉得生活挺幸福的。一天，两人去逛街，经过一间布店，姑娘看到一块粉色的花布，便拉着魏巍的手说："我们把它买下来吧，我不想睡在无床头的床上，挨着光光的白墙，特别不舒服。我们把布包在墙上，让我们的家变成粉色吧。"于是两个年轻人买下了粉色的花布，一半做成帘子把客厅隔出一个大家走路的过道和一间属于他们的空间；另一半布挂在墙上，让床不再直接挨着毫无生机的墙。当夜晚降临，两人躺在被粉色包围的世界里，望着窗外洒进的月光，那一夜他们睡得格外恬静。那种既浪漫又幸福的感觉一直留在魏巍的心里。两年后，他们离开了这个粉色的世界，为了事业的发展，姑娘跟随魏巍来到了湖南。

2005年《FUN4娱乐》最先接纳了他。魏巍主持的板块叫KK.COM。魏巍自认是个天资不太好的人，但他不愿意放弃，他不喜欢在北京漂泊的状态，不喜欢跑这儿跑那儿的奔波，浪费很多时间但一切却仍是未知数。他希望好好干，希望在湖南稳定下来。为了鼓励自己，从此魏巍的艺名改为KK。在湖南虽前途未知但也要租房，北京的房子又不敢退，很快口袋里不多的一万元，变成了两千元。新人上位的压力来自各个方面，那种心里的难受劲儿可想而知。此时，KK的母亲对他谆谆教导。儿子口中的肥妈是个女强人，特别能干，不靠别人自己奋斗了一辈子，此时她对自己的宝贝儿子说："家里没有钱，也帮不了你。只有靠你自己。"这些话使二十出头的魏巍感到很大的心理压力，别人多少可以有家的依靠，而在演艺圈这个深泥潭中，魏巍只有自己跋涉。

两个年轻人互相支撑着在长沙生活了一段，俊男靓女在巨大的生存压力下依然感到青春活力带给他们的幸福。提起这段初恋，KK充满怀念，他很感谢这段感情留给他的美好回忆。他们有甜蜜也有争吵，有在一起的依恋，也有分开时的鸿雁传书。2006年，KK才来长沙半年，他的父亲就因病去世了，这对KK的打击很大。事业不稳定，家庭遭变故，一对恋人最终分手，KK的人生进入低谷。

然而，现实不管你是不是进入低谷，生活还要过，路还要自己一步一步地走。刚入行时的艰难可想而知。他被人排挤，被人问一个东北老蒯为什么到湖南来当主持人？被人说成小孩儿的他不知所措，工作战战兢兢还老是出错。人们很没耐心，不想为新手浪费时间。一天，同事们打赌，今天KK错多少遍？七次以上压大，七次以下压小。当KK从直播间出来时，本来热闹的控制室空无一人，十几个人全走了。他站在那里异常孤独,欲哭无泪沮丧至极,他想了很久,不知道自己是否真的不适合干这行,他还要不要坚持?这时有不少朋友拉KK去拍戏,来长沙同住的肥妈告诉儿子:"拍戏可以,但不是现在,你应该好好地坚持。一个男人要放弃一件事,一定是已经把这件事做得很好了,而不是遇到困难就逃避。"KK听了母亲的话,一路坚持,经过几年用心拼搏,业务顺了,找他的活儿越来越多。日子也一天天好起来,他有了较好的收入和自己的家业。生活总算真正稳定下来。

  KK有时回头想想走过的路,他欣慰自己的坚持与坚强,有了这份坚强才能成长,才能有今天的成熟。人生道路并不平坦,总会有各种新的问题出现。而KK早已不是初出茅庐的学生娃,他稳扎稳打不再慌乱,不再迷惘,我真心祝愿魏巍永远不失却内心的那份阳光和坚持。

电视剧《保卫孙子》剧照,2013年。
魏巍饰演周小易、高洋饰演婷婷、潘虹饰演苏梅、方子春饰演马大玲。

结　语

　　这是三位年轻演员的故事。不管是已经大红大紫的何晟铭，还是在奋斗路上勇往直前的宋允皓、魏巍，出发点虽有不同，走过的路不同，但都有一个共同的特点，就是知道自己的目标在哪儿，一步一个脚印，不怕遇坎坷，不怕有蹉跎，坚信自己，不急不火向前走。这点在现如今这个浮躁的社会真是难能可贵！

　　有史以来，我们这行饭难吃，路难走，气难受。很多人改行了，更有很多很多人奋斗了一辈子，也没大红大紫。演艺这行靠天资，靠勤奋，更靠机遇。没有机遇一切归零，而我的老师焦菊隐先生在我最艰难的时候告诉我：机会是匀称的，机会也是给有准备的人的。机会来了，你不行，那机会就是别人的。所以说十年磨一剑，台上十分钟，台下十年功。干我们这行，松懈不得，永远"时刻准备着"。我祝所有的有志青年好梦成真！

夏钢和孟朱：清高与清贫

圈内几乎都知道我们老方家与老夏家的关系，都清楚我和夏钢是北京人艺宿舍大院里子承父业的一分子。从儿时开始，我们一起玩耍，一起做汽水，一起听大人讲古。当小伙伴们在一起开心地笑啊叫啊、玩得闹得翻了天的时候，夏钢只是跟着咧咧嘴，露出他那颗虎牙，发出"嘿嘿"两声而已。要不就用手指向上推推眼镜，望着大家疯。只有通过他闪光的眼睛才能感到他内心的快乐。因为他不声不响，胖胖墩墩，从不打架也不和大人顶嘴，从小到大都给人一种随和、没脾气的感觉。

其实，表面随和的夏钢实际上是个十分倔强、吃软不吃硬的家伙，挨打受骂从不哭闹求饶。记得有一次他在外边玩得好晚才回去，夏淳伯伯说他几句，他不还嘴也不认错。夏伯伯很生气，拿起扫床笤帚向他胳膊上打去，可没想到那时已长成半大小子的夏钢小肌肉一绷，来了个硬碰硬，笤帚立马弹回去了。夏家父子瞬间停在那里，彼此都吃了一惊。从此夏伯伯再没打过夏钢。儿子大了，他打不动了。当年，夏钢和我说这事儿时，颇有几分得意，我听着半信半疑，想象着他一绷胳膊耷带疙瘩就弹回去的样子。夏钢看我不信，马上把胳膊一绷，让我摸，我用手指在他胳膊上捅了捅，可不，好硬，纹丝不动。

一个"文化大革命"，耽误了两代人。按生命轨迹本该干什么的，都没干成。我们这些家庭受冲击的孩子们，为了生存各奔东西。我去了白洋淀插队，而比我小一届的夏钢还算幸运，被分到北京市政，当了一名修路工。有一次我和朋友在公交车上，经过一个路口时看到夏钢抡着大镐刨马路呢，我们在车上兴奋地大叫他的名字，他抬起头微笑着，有条不紊地向拐弯的汽车挥了挥，嘿——那叫一个淡定，像领导似的。

像领导一样淡定的人有一次可吓坏了众人。记得一个炎热的夏天，晚上八九点钟，晚饭已过，睡觉尚早。那时电视还没普及，大人孩子都在院里乘凉。就在此时，我看见，夏钢的姐姐莉莉搀扶着他妈妈梁菁阿姨，夏钢跟在后边，从步态中让人感到他们十分疲倦。院里的人一看到他们就围了上去，关切地打听着消息，从话语中我听出了原委。那天夏钢下班，跨上自行车顺着单位门口的大斜坡帅气地滑入回家的车流，意想不到的事情发生了，他和一辆进站的公交车来了个亲密接触。夏钢名钢，可不是钢，他的自行车也不能与公交车相拼。就在他要命丧车轮的一瞬，自行车的车把一拐，把他顶了出去，自行车立马被滚滚车轮碾成了麻花儿，而他紧贴着车轮就地来了个十八滚被弹到人行道上。此时四周传来一片惊呼，单位里的女同胞吓得哭哭啼啼，众人把出事的公交车围得水泄不通。人们趴在车身下寻找被撞者的时候，夏钢同志，站在马路沿儿上，慢条斯理地挥挥手，淡定地说："我在这呢。"众人回身看着毫发无损的他，都惊呼起来。后来，夏钢告诉我，当他钻入车下时，他并没害怕，翻滚之时，他只觉得车轮好大，怎么从来没见过那么

导演夏钢在拍摄现场。

大的车轮,比人还高啊。

人说,大难不死,必有后福。这个憨厚、大度、倔强、淡定的夏钢,经过自身的努力,于1978年考入北京电影学院导演系,毕业后,任北京电影制片厂导演。成为我国著名的第五代导演中的一员,并颇有成绩。

我于1976年也从白洋淀曲线回京,调干进入空政话剧团,很快成为团里的骨干力量。然而谁能想到,我们这对原本情同姐弟的发小,竟有十几个年头不说话。不,不是不说话,而是我不理夏钢。这其中的原因有二:一则当时有部电影,导演是夏钢,我很想上,但他却用了我哥,放弃了我,这让我大受打击;二则那时我身体不好,吃激素发了胖。夏钢觉得这么漂亮一人,把自己弄那么胖,自暴自弃啊。就这样,我俩为了戏,一怄气就是十几年,断了来往。

夏钢这人有时有点儿木,我那么长时间不理他,一开始他都不知道我为什么生气。后来他才想明白,我是因拍戏的事真不理他了。我从小就是他家常客,不光总是一块玩,他的父母还是我的启蒙老师。我觉得他最了解我的业务情况,更理解我想把"文革"十年耽误的时间抢回来的心情,他拍戏就该找我。可后来夏钢拍戏却总找我哥,我自然就生气啦。

我和夏钢之间冰河的解冻是在2005年。夏钢计划拍摄电视剧《荀慧生》,我实在是喜欢这个戏。我一看饰演的角色——师娘,心里就冒出两个字:我的!这时我已不是二三十年前的子春了,生活教会了我老成。我明白,我与夏钢之间并没有什么大不了的矛盾,再不跟夏钢说话,闹小姐脾气,这个好角色就没了。从此,我不光把师娘这个人物演出了光彩,有适合的角色他也一定叫我上,我通过这一次次的实践机会,过足了戏瘾。

人们常说,一个成功男人的背后,永远有一个默默支持他的女人。说到夏钢,就不能不提到他的夫人孟朱。孟朱不是站在夏钢背后的女人,而是与他并肩前行的人,理解他,支持他,事业生活共同担当,坎坎坷坷一路相扶相爱。

孟朱是上海人,在上海人艺的氛围中长大,"文革"中去了安徽省歌舞团,做了一名独唱演员。她声音圆润,音色纯厚,是个大号女高音。为了爱情,放弃专业到中国文联做了一名文学编辑。从五光十色的舞台到整日伏案笔耕的桌前,从熟悉的江南到陌生的北方,对一个女人来说一切要从头适应。也许是爱情占满心头,我从未听孟朱说过她的心理落差,只记得她的文笔与歌声一样出色。那时我时常为上戏焦虑,她对我说:"春儿,别着急,今后我写剧本,你来演。"多年后,我们实现了这个愿望。

上世纪80年代,夏钢和孟朱结了婚却没地方安自己的家。为了能有一间小小的房子,他们把京城东南西北都住遍了。最差的时

我和夏钢和好如初。

候,就在胡同里的公共厕所后墙搭一个棚子。窗户用纸糊上,院中杂草半人高,可这是好不容易找到的地方,小夫妻就自己动手找几块木板,拼个床,这就是家了。孟朱哥哥来看她,万万也没想到浪漫的妹妹嫁到北京居然混成这个样子。孟朱此时还挺开心的,总算能有个地方睡觉了。她觉得只要感情好,住在草窝里,躺在自家床上数星星也高兴。

那时,夏钢的同学张艺谋的《红高粱》已得了大奖,夏钢还没机会拍戏。孟朱就鼓励夏钢说:"真的不在这一时,你是个好导演,我相信你。"有次孟朱的妹妹来北京看他们,晚上睡觉成了今日的笑谈。孟朱睡当中,大钢和妹妹睡孟朱两边。三个人要一起爬上床,一起翻身,一起下床,不然床板就翻了。从窗户看出去,能看到月亮,因为窗纸是破的。虽然生活如此困难,他们还清高得不得了。

夏钢是个艺术至上的人,孟朱为此也挺骄傲的。那年夏钢着手策划电影《龙年警官》,他跟作者魏人一起搞了好几个月,忙得顾不上家。因大女儿心脏病,孟朱只好办了停薪留职。一天孟朱正在炒菜,制片来说:"导演在办公室说不拍了。"孟朱想,不可能啊,这就要建组了怎么说不拍就不拍了呢?而这恰恰是夏钢的性格,搞了一年多的剧本可以不拍,因为原则不能让。夏钢不拍《龙年警官》,孟朱已停薪留职,没法回原单位了。没钱,吃什么呀?他们也没什么存款。于是孟朱跟朋友借了四百块钱,从仓库批了一些衣服,装在插队时候的旅行袋里,放在自行车后面去卖。孟朱跟夏钢说:"你要愿意,就跟着。"于是,夏钢总拿本书,跟在后面,孟朱去小店里推销衣服,他就坐在马路边上看会书。

为这个他们也吵架。孟朱生日那天,刚刚进了一批衣服,质量不好,蹬着三轮车去退货。心情不好嘛,吵起来了,这位知识女性蹬在车上一路都在哭,想想今天过生日,还得去退衣服。好难呐!不是吃不得苦,而是心理上的苦闷。

近一年时间,他们就靠卖衣服维持生活。即使这样孟朱也没有离开夏钢,夏钢也坚持着自己在艺术上的原则,不接烂片。直到孟朱四十二岁那年,她挺着马上要生的大肚子,他们才住上有厕所的房子。那是单位临时给了一个三居室,三家人住,夏家住最小的一间,共用一个厕所。这时有个大的房地产商,一定要见夏钢,他说:"我儿子和你是朋友,他有个毛病,特别喜欢电影《大撒把》,迷死了,想拍电影。那怎么办呢?就这一个儿子,掏钱!"当时就说让夏钢来拍,另一老友劝夏钢说:"你只要答应跟他合作,五部片子,他就给你一个在上海的大别墅。"当时天黑咕隆咚的,他们站在楼下小声商量着，夏钢问："那选材谁说了算呢？"老友说："那当然是人家了。"夏钢当时就说："哦，那就算了。"孟朱一听都愣了。要知道，房子，对无房在漂泊的人来说，是多么大的诱惑。但孟朱还是支持自己的丈夫。对她来说，男人就是天，男人就是地，她很欣赏他的这种清高。其实现在想起来，孟朱觉得处理的有点愣。可那时候觉得自己不为五斗米折腰，还挺沾沾自喜的。

其实拍《大撒把》之前曾有人送来一个剧本，说有钱，号称是一个商业片，拍完能给夏钢一辆车。上世纪90年代，私家车还很少。孟朱问夏钢怎么决定，如果同意的话《大撒把》就得往后推。当听夏钢说这就是一般的商业片，她就紧张了，怕夏钢接，说："你自己掂量掂量，这个呢，你拍完可能有辆车，但《大撒把》是冯小刚的本子，是朋友的。两个本子质量不一样。你是要朋友，还是要钱。"夏钢一听这个就明白了夫人的意思，回答说，那当然还是要朋友了。《大撒把》片子获得成功，导演酬金却只是八百块钱。

孟朱始终相信夏钢，相信夏钢对题材的把握，从电影《大撒把》《无人喝彩》《一半是火焰，一半是海水》到电视剧《亲情树》《荀慧生》《一个女人的史诗》，夏钢一直十分有眼光。其实夏钢有时也会因生活拮据、改善生活条件这些现实问题被钱所打动，但真把剧本拿在手中，又实在看不上眼，只能放弃。那种剧本就算接下来，他半路也会辞掉。好在夏钢有孟朱这样的老婆，任何奢侈品都不买，不怎么消费，吃东西只讲究卫生健康，天生乐观的夏钢也就没感到太多压力。而孟朱在选题这点上比夏钢还要严格，烂剧本就算夏钢要拍她也会坚决反对。她很爱自己的丈夫，她觉得夏钢是一个好导演，在这点上她要呵护他。孟朱放弃了自己的专业，来帮他拍电影，什么都干，最后也做导演跟丈夫拍A、B组，志同道合、比翼齐飞。当然，"齐飞"不等于一团和气、不吵不闹。孟朱与夏钢在剧本问题上、在电影的审美上不一致的话，会真吵。不过这种时候很少，他们俩的感觉还比较一致。夏钢的很多电影，都是低成本，很考验功力，孟朱就做制片主任共同完成。导演和制片主任，一个是花钱的，一个是算钱的，目标一致，立场不同，也会吵。这种吵是为了把戏搞好，有时俩人越吵心越近。

夏钢是个很奇怪的人，有的戏没资金，他接了，比如《荀慧生》；有的本子带着一大摞钱来的，他却不接。这就给孟朱的工作带来很大的困难。但夫唱妇随，要拍就拍好戏，把戏拍好。这个底线夏钢是不会破的。如果架构还可以，就要去谈，去争取。《荀慧生》这个本子，刚刚拿到的时候剧本很不成熟。但因为写的是荀慧生的故事，又是荀家的孙子荀皓找到夏钢的，夏钢就动心了。但是没有投资，需要自己去找。孟朱当时躲在别人家里，生怕夏钢找她一起干，毕竟风险太大。夏钢还是找到孟朱，孟朱大哭了一场，她说："大钢，上有老下有小，风险太大了。"可他执意要拍，借钱也要拍。孟朱只好从头改剧本。当时经费十分紧张，她又改剧本又当制片，身体原本不太好的她，人真的是脱了一层皮。最终戏在有限的资金下拍得不错，而夏钢夫妻俩应得的酬金却没拿到。孟朱当时真的是气病了。可这些年想到《荀慧生》是部好片子，心也就慢慢平静了下来。

说到《一个女人的史诗》，孟朱回想起找赵薇出演女一号的情景。当时赵薇说："这个我演不了，还是小燕子。"于是孟朱告诉赵薇，她和夏钢一起做，他们不可能再让赵薇演小燕子。此时的孟朱经过《荀慧生》的锻炼，在《一个女人的史诗》中导起戏来已得心应手，与夏钢并肩同行。这部电视剧拍完没多久，一个投资人给了她一部小说，让她当导演。但她因身体不佳，就推辞了。孟朱从一个歌唱演员到编辑、作家、制片人再到导演，一步一个脚印着实不

电视剧《一个女人的史诗》拍摄现场,孟朱、夏钢和赵薇(前、中、后),2009年。

易。这其中的甘苦只有自己最清楚。

夏钢和孟朱就是这样一对夫妻。生活中平平凡凡,并无太多奢求,而在事业上,都力求完美。在现如今这个浮躁的社会中,有多少人能坚持做到艺术至上?难呐!资金问题、收视率问题、制作人制度等等,都给认真做事的人带来了很大困难,但我相信社会还是需要像夏钢、孟朱这样的艺术家。

常说,荷花出污泥而不染,孟朱却对这一说法有独到见解。她说:"我们很多事情要细分,出污泥而不染,这是对的,我们一直都在追求这样的精神品德。但我对五千年文化留下的病垢,持怀疑态度。出污泥而不染,显示自己的清高,别人会笼统地认为这人是很好的。在我们的理论中,污泥是个脏东西,你没染,你是清高的。错,滋养人的污泥也是干净的,一定要这样看问题。我特别反感的地方在于,一大部分中国男人身上,只有知识,不懂人性。一方面缺乏奋斗精神，另一方面缺乏对女人对人性的真正的尊重。还要披件高尚的外衣，我懂得士大夫、礼仪，你们懂什么啊，我就是那节藕！但他忘了，藕到了空气里，就干了，还得靠我们这些烂泥，不然你如何肥壮。这种傲慢，是最伤害人的东西。为什么我们说贵族的孩子那么单纯，因为贵族就是告诉你人应该自尊和尊重别人。中国几千年的帝制影响下，很多人不懂得怎么尊重别人。有个老友的前妻打电话过来，说如果现在跟着这位老友不离婚，房子啊什么的都有了，日子会过得很富裕。她与老友离婚后嫁了一个外国人，那是个普通人，房子也小。但是，她告诉我，她丈夫每天看着她都会说："你是我最美丽的女人。""你说我能最美丽吗，我现在都五十多岁了，我都这么老了。"吃饭的时候，她丈夫会跟女儿说："我永远先爱妈妈，再爱你。"就这外国老公跟她说的这些话，她说在中国是享受不到这些的。她说："我能离开他回国吗？"其实女人真不是要多少钱，多大房子，要的是尊重、关爱。所以我对出淤泥而不染的清高，持保留态度。……"

这就是我的发小朋友夏钢和孟朱，一对从来不人云亦云、随波逐流的夫妻。要想保住一份信仰、守住一份艺术家的良心，在如今这个物欲横流、金钱至上的时代谈何容易！但不管怎样，人要活出自己的光彩。我作为他们几十年的朋友，看他们一路相伴、保持清高、走过清贫，为了事业与爱情幸福地生活着，我真心为他们高兴。

恪守原则的副导演默默

写到副导演这行当的时候，我的第一人选就是默默。诸位可不要小看副导演的工作，一个副字就说明了这个工种的工作性质。剧组里一般有几个副导演，分管演员、群众演员、现场、服化道等等。如果说，制片人是人的大脑，导演是心脏，副导演就是血管，而全体演职员就是血液、神经与肉体。

默默大名张研佳，她只比我大几个月。可不知怎么排行的，默默是我五姐，石小满是我六哥，我是小七妹。我和默默很早就认识，我们从人称的文艺界走到了演艺圈，我从一名演员走到了艺人，她则走了大半辈子还是副导演，只是前边加了"资深"二字。"专业"和"老资历"等符号，就像她的职称。我喜欢默默，喜欢她的高声大嗓，她的哈哈大笑，她的慷慨激昂；更敬重她的敬业，她的"爱谁谁"，她那只要是工作需要不怕得罪人、不怕亮观点、不怕辛苦受罪的精神。

一

默默做副导演的经验是从杜民、琪琴高娃那儿学来的,两位前辈都是电影学院毕业的。如何挑选演员,怎样布置现场,如何教会群众演员在街道上走路不可以傻愣愣,要从心理活动带出该做的动作,所有这些都是一脉相承的。拍摄周星驰的《功夫》时,默默担任副导演。香港的执行导演经常给她发号施令,明明镜头朝着东边,他非让在西边安排群众演员。默默提出了自己的建议,没想到那个香港导演特别不讲理,说:"让你干什么你就干什么,废什么话啊。"默默想:"既然这样我就做,但你再让我改过来,就跟你没完。"花费了三个小时,三百个群众演员在镜头的反向位置布置好了,执行导演却说:"你再改过来吧。"没辙!要知道,全体人员早上五点多就起来集合,他一句话又要拉着三百人重新布置。上午十点半,周星驰来了,说不对,要再

生活中的默默。

换,两条马路边上也要安排群众演员。默默一下子就火了:"你们要人呢,我六点半进场就没闲着,我刚布置完你们又换。"而且周星驰刚刚发话,那个执行导演就问默默:"老张,你布置完了吗?"这下子默默忍不住骂起来了:"我是人,不是神啊,三百个人呢。"周星驰用香港话也骂了起来,默默听不懂,以为他骂自己就急了。拍纪录片的台湾女孩威玛赶紧过来说:"默默你别急,周先生不是骂你,在骂他们呢。"中午吃饭的时候,周星驰凑过来跟默默说话,拍拍她,以缓和气氛,默默却扒拉开周星驰的手,一点儿面子都不给。这一切潘恒生看在了眼里。第二天早晨,潘恒生就送了默默这篇字,他说:"默默,这是我送给你的,我从来没有送过任何人。这是《心经》,你要心静,不要着急,事情都能解决的。"香港人对人和事的态度是友善的。但

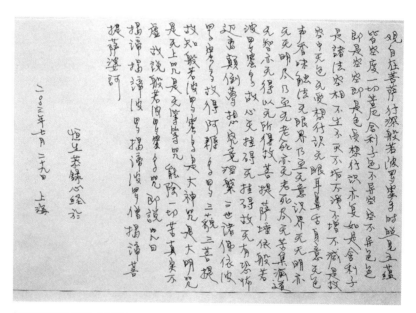

摄影师潘恒生写的《心经》。

这就是默默，能干，刀子嘴，爱憎分明，天不怕地不怕。

演员副导演这个职务，为导演推荐演员是重要的工作之一。在这方面，默默不讲人情，只认演员的适合度。我们是好朋友，可几十年来她找我拍戏却屈指可数。因为在默默心里，角色面前人人平等，合适是唯一的标准。正因为大家了解这个心直口快、认真了一辈子的人，她不找谁，谁也不会怪他，她找到谁，谁都会给她面子。

侯咏拍《茉莉花开》那年，我已基本不接配音的活了。有天晚上默默给我打了个电话，说《茉莉花开》里有场戏：在医院的白布帘后，有一声女人打掉孩子时发出的惨叫声，把章子怡饰演的茉吓跑了。她绞尽脑汁，把京城的女配音演员都过了一遍。实话说，别看这一声叫，能来的还真不多。而且为了录一个声音，愿意跑一趟北影的人就更少了。思来想去，默默突然想到多年前曾找我为田壮壮的《鼓书艺人》救过驾，效果不错，于是又想到了我。得，这默儿来电话，咱得去。默儿也不亏我，跑一趟给了五百元。大概晚上九点钟吧，我走进吴凌的录音棚，棚里只有默默和录音大师吴凌，还有一文质彬彬的中年男士，这定是大导侯咏喽。我干了多年配音，和吴凌很熟，听导演提了提要求，开录，可侯咏慢条斯理的似乎不太满意。我转头看看默默，她正关注地看着我。我知道，她有点怕我不耐烦，希望我达到导演的要求。副导的工作就是这样，常夹在各种矛盾中间，她找的演员，导演不满意不行，演员有点事也不好对付。咱来了就得好好干，我对默默微微一笑，打断还在那提要求的侯导："导儿，您的要求我明白了，吴凌，把机器开着，我进去了。"我话音未落已进录音间，对着话筒一通"哦啊啊哦"，心想你们留资料去吧。随着我推开厚重的隔音门，一阵爆笑传了进来。我与默默会心一笑，全在不言中。我这人干活不惜力，咱要给姐们儿长脸呀。侯咏说:"哎呦,方子哥还有这么厉害的妹妹呐。"默默说:"那当然了。"从这四个字里我听到了赞许。

  选演员是有方法的,不能临时突击。默默坚持去中戏和电影学院选演员,每次都是整班地选。有些孩子长得可能不是那么好,但不知道什么时候、什么戏就能用上。中戏的老师也信任她,每次学生演出,只要有时间,她肯定去,把录像和照片拍好。有人不解地问默默:"别的副导演都在家里等着收资料,你怎么还出去看,太浪费时间了。"默默说:"我们上一代的副导演就是这么教我的,我们自己不去看,怎么知道这个演员好不好?不能收了人家的钱,吃吃喝喝,要用心做事,这是工作!只在房间看照片,没有看真人有把握。拍电影《那人那山那狗》时,默默担任副导演,为找适合出演"儿子"的演员,她和导演霍建起在中戏、电影学院选了一圈,没有合适的。俩人饭都没吃,坐在操场上发愁。正好碰上刘烨在打篮球,球刚好滚到他们身边,一看刘烨:呦,不错!霍建起赶忙跟默默说:"你跟着他,问问是哪个班的。"一问是常莉老师班的。当时学校马上要进入升级考试,不答应放人。默默就每天去磨,一去就坐五节课,结果就成了。因为出演《那人那山那狗》,刘烨当年就获得了金鸡奖最佳男配角的提名。成功当然有孩子自己的努力和功力,但作为副导演,要先看到、注意到、发现到,要去学院坐班、看演出,才能获得相关的资讯。

  默默是真的能为一部戏一个演员去努力的人。现在很多副导演,都是先人际关系,然后是戏。但她始终先是戏,其次才是人际关系,她考虑的是人物。拍《京港爱情线》的时候,策划人圈定了男主角的人选,但默默一看剧本,觉得选定的演员太健康了。戏里面的男孩跟一个比他岁数大的女人谈恋爱,这个角色需要软一些的男人。当时正好赶上何炳珠老师请默默到班里看学生,并说:"我们新疆班的孩子，太穷了，你一定要帮帮他们。"默默说："我只是副导演，帮不了什么，但只要合适，我肯定推荐。"默默看后，觉得李亚鹏演这个角色特别合适，就推荐了李亚鹏。挑选饰演健身教练的演员时，默默推荐了王学圻，出资方说不认识。默默解释道："他是《黄土地》《大阅兵》的男主角啊，是跟陈凯歌合作的啊。"还有谭宗尧，许多人不认识，默默又要介绍一番谭宗尧是人艺的老演员，戏怎么好。总之，把演员情况介绍个底儿掉，最后用了，反映很好。不过默默心里也有遗憾。由于她的认真，一些真正很好的朋友，她都没有推荐主演过什么戏，心里有点愧疚。

找演员不能凑合，一凑合就完蛋了——这是默默始终坚持的。接到新戏，为了选演员，默默整夜睡不着觉，各个角色在脑子里拼图。搭好了演员，将剧本拿给演员看，导演再跟演员讨论、沟通、斗戏，冒出了火花，就定了位了。而一部戏成功了，又有几个人能想到是副导演的功劳？副导演的工作性质决定了在剧组不可替代的重要位置和一生的默默无闻。

二

默默在工作上是把好手，生活上又是一代人的缩影。我们这代人受的教育很传统，经历坎坷，吃苦受累，只会认真努力地工作，生活上不讲究吃穿，更注重精神层面。还有一点，就是不忘本，知恩，感恩。

默默在家里的墙上端端正正挂着两幅画像，这是默默的发小李丹丹画的。像中的人物，一位是默默的父亲海默，一位是她的母亲张青予。我看不出默默与《敖包相会》的词作者海默先生长得有几分相像，但我敢确定地说，默默身上那种崇尚艺术、执著工作、兴趣广泛、天不怕地不怕的火样的性格一定是父母本性的翻版。

提起往事，默默有些激动，默默的父亲名叫海默，是电影剧作家、小说家，创作改编的剧本有《草原上的人们》《母亲》《粮食》《红旗谱》（合作改编）等。1968年，年仅四十五岁就被迫害致死。妈妈挨整蹲牛棚，自顾不暇。"文化大革命"中，默默被下放到黑龙江劳动，孙谦伯伯寄了一百块钱给她。当时默默就哭了，那时候一百块钱是多大的数目呀，这里面包含着多少长辈的关怀和爱护。1976年"四人帮"倒台，落实政策后的默默回到了北京，住在北影招待所。当时孙谦伯伯和马烽叔叔正在北影写剧本，又给了她几十块钱，跟她说："默默，这是我们最后一次在金钱上帮助你了，以后你要自己努力工作，一定要对得起你爸爸。这钱专款专用，去买鞋和衣服。买完了，我们必须要看到。"

一天，默默去北影厂大食堂吃饭，一摸兜，发现饭票丢了，当时就着急了："饭票丢了，我怎么吃饭啊！"旁边的黄宗英阿姨听见了，说："默默过来，我这有饭票。"第二天又拿了一大摞，大概十几块钱，够吃两个月。当时赵丹叔叔从上海到北京工作，也住在北影招待所，他见了默默说："你太瘦了，必须补充营养。"于是拿出一份专供的牛奶给了默默。这一给，就是好几个月。

上山下乡的时候，默默总驼背，每次戴浩叔叔跟黄宗英阿姨从后边看到了，总是"咣"一拳，说："把胸挺起来，咱们是挺着胸走路的，绝对不能低着头，让人家欺负咱们。"戴浩叔叔那时候特喜欢她，说默默这头发弄得跟嘉宝一样，还把他在"文革"后期给北影资料室整理的日伪时期的照片、分类档案给她看，告诉她这是珍贵的资料。这些人和事，默默真的忘不了。她是在这些叔叔伯伯、阿姨婶婶的无私呵护与关爱下成长为一个独立女性的。这一点她从未忘记，一直感怀在心。

三

　　默默是个热心肠，一生未婚，却家里家外地忙，时间似乎永远不够用。当然，她忙的最多的，还是与拍戏有关的事情。她的家更像是一座满满的艺术仓库，一件件精美的工艺品，一个个摆放的物件都让人目不暇接，也让它主人的目光柔和起来。在这琳琅满目中，默默向我讲起了一件多年前的往事。80年代的时候，默默去了八趟云南，看到的美丽景色至今难忘。1982年为了拍《应声阿哥》她跟王君正去云南瑞丽看景，到了大等喊村。当地有座小乘佛庙，是拍《孔雀公主》时搭的实景，因为漂亮，当地百姓就当寺庙给供奉起来了，里面摆有各种各样的器物。当时，默默看见了一个黑色的水盂儿，特别好看，不由动了歹念，想偷偷拿走，当然没那胆量。而后走出砖房，下竹梯子的台阶时，人一下子就滚了下来，当时脚就肿了，根本站不起来。不由得感慨：人呀，不能心生一丝歹念！默默从此坚定了自己的职业准绳，远离歪门邪道，把事情做正。而她用自己的坚持，真正做到了这一点。这位一生恪守原则的副导演，值得我们每一个人尊敬！

风采依旧的伊琳姐

今天是腊八,老话说,腊七、腊八冻掉下巴。今年真是奇了,不光下巴没冻掉,才吃过腊八粥的我还懒懒地躺在沙发里,任午后的阳光温暖地拥抱着我。正在琢磨着这个冬天怎么不冷的时候,手机响了,是伊琳姐打来的。伊琳姐现在是中视协演员委员会的执行秘书长。她先是柔声细语地问我在干什么,再问近期的安排,之后邀我参加十二日文联在人民大会堂的活动。

一

我和伊琳相遇在1990年,那时我跟着李仁堂老师、俞立文大哥还有刘宁宁从北京出发,一路北上到辽宁一个叫铁法煤矿的地方拍一部反映矿工生活的电视剧《不是梦》,这部电视剧的导演正是伊琳。那时的伊琳不到四十,娇小玲珑,形象甜美,不管谁第一眼看到她都以为她是演员而不是导演。后来才知道,人家曾是一名很不错的歌剧演员，当时已是沈阳军区电视艺术中心导演。《不是梦》是她从中戏毕业后，第一部独立执导的电视剧。那个年代的电视剧都不长，可就这么一个上下集，初试身手的伊琳就拿了个省里的优秀奖。二十三年过去了。二十三年里我们没有联系过，各忙各的，直至退休才又见面。再见伊琳姐，时光似乎并没在她脸上留下太多的痕迹。模样还是那个模样，人过六十风采依旧，声音还是那么清脆，就连她热情向上、办事认真的劲头一点儿都没变。我常想，一个外表娇小、看似柔弱的女人，哪来的那么大的能量呢？

　　伊琳从小就是人尖子，虽说家境并不太好，但老天爷给了她一副好嗓子，在抚顺那个不算大的地方，就凭一个老旧的电匣子（哦，就是老式的收音机），学会了所有能听到的人能出的音儿。什么戏啦，歌啦，你能开口，小伊琳就能唱。九岁，她上小学二年级那一年的一个星期天，小伊琳做出她人生中的第一个惊人之举。在一位小伙伴的陪同下，她考遍了抚顺市大大小小的文艺团体。

　　人小不知累，她考了快一天了，最后来到了市京剧团。门房大爷拦住了她们，问道："小朋友，你们找谁呀？""我要考你们团。"天不怕地不怕的小伊琳回答。"考我们团，你会唱吗？"大爷笑着问。"会！"小伊琳大声回答，不容大爷再问，她站在传达室就大声唱起来："麦苗儿青来菜花儿黄，毛主席来到了咱们农庄……"我能想象出她当时的心情，只要在团里见着个人就以为人家是考官呢，恨不得告诉所有的人她能唱。传达室大爷此时也充当起了临时考官，他先夸小伊琳唱得好，然后告诉她，你太小了，还是回家等自己慢慢长大吧。

　　也许命运女神听到了小伊琳甜美的嗓音，也许是她可爱的小模样实在讨人喜欢，十一岁那年她被保送到抚顺市青年豫剧团，同年被派往豫剧发源地河南学习。这是伊琳姐人生中的第一个台阶。那

1970年,伊琳为战士演出钢琴伴唱的《红灯记》。

时正赶上国家困难时期,让她至今难忘的一是饿,二是苦。小伊琳练功不惜力,早餐本就半饱,又唱又武一折腾,不到中午就饿得不行了。饿了先紧着喝水,再不行,饿得两眼直冒金星了,就向老师请假,假说去厕所,跑回宿舍拿出藏在被子里的蔫苹果或贴饼子,咬一口再藏好,边咽边跑回去继续上课。"夏练三伏,冬练三九",这里的老师给年少的伊琳打下了扎实的基础。功夫不负有心人,短短的两年时间,练功服还撑不起来的伊琳,却已挑梁主演全本的《穆桂英挂帅》了。俊俏的模样、扎实的功底和甜美高亢的嗓音,每每演出准获满堂彩,绝不比现在的歌星演唱会逊色。河南当地观众很好奇,想看看这东北小丫头怎么唱豫剧。没想到,一出《对花枪》不光征服了观众也得到了豫剧名家的赞许。王清芬老师拉着她的手那叫一个亲呀,喜欢到了心里。

在"文革"那个特殊年代,抚顺和全国一样,所有的文艺团体都合并成了毛泽东思想宣传大队。当时中央乐团和北京京剧团两个样板团推出的钢琴伴唱《红灯记》传遍全国,抚顺也不例外。在李铁梅这一角色的层层选拔中,伊琳异常刻苦努力,最后凭借出色的嗓音和扮相,战胜了诸多京剧专业的选手,不负众望地当选。一个豫剧演员却成为京剧李铁梅的不二人选,在当地一时传为佳话。这是伊琳艺术上的第二个台阶,因为她出色的表现,被沈阳军区一眼相中,调入沈阳军区前进歌舞团,这成为她生命中的又一个重要转折点。

1970年前后,中苏关系紧张,沈阳军区进入一级战备状态。为了慰问和鼓舞前线的战士,军区歌舞团将一架钢琴抬到了珍宝岛上,在战争的硝烟尚未退尽之时,为战士演出钢琴伴唱的《红灯记》。在白雪皑皑的前沿阵地上,气温零下三十多度,伊琳手握李铁梅的长辫子,迎风而立,任风把歌声吹得不成调,任手冻成了红萝卜,每天演出数场,最后因疲劳过度声带竟长出了一对小结。难道作为专业演员的伊琳不懂这样下去会断送自己的歌唱前途吗?难道伊琳的小身板不知冷不知累吗? 都不是,模样娇小的伊琳不娇气,她是个充满激情的人。当她看到台下的战士们穿着皮大衣,戴着皮帽子,抱着冲锋枪坐在雪地里的烂木头上,只能通过挂着冰花的眼帘与战士们纯朴炽热的目光交流时;当在战地医院看到那些负伤的战士缺胳膊少腿,透过纱布用一只眸子望着她时,伊琳心疼了,她被战士们的质朴和顽强深深地打动着!就是这些来自平凡人家的好男儿在保卫着我们的祖国,他们不畏严寒,不怕牺牲与敌人浴血奋战。战士们命都可以不要,我的嗓子又算什么呢? 虽然我没有伊琳在部队的时间长,兵种也不同,但为兵服务的宗旨是一样的。他们去前线,我们去哨卡;他们给战士洗衣服,我们给战士照相、理发。每当想到那些驻守在祖国最艰苦的地方的战士们几个月见不到一个人影,哪怕只有一个兵,我们也同样会不怕路遥、不辞

风采依旧的伊琳姐

辛苦为他们演出；同样会在分手时像对亲人一样的挥泪告别。那时的情景一生都会留在心里。回首往事，我们没有浪费青春，风华正茂时我们也有过辉煌。

改革开放带来了春风，这时她已从军区歌舞团转入歌剧团，专职做歌剧演员，在此过程中她的导演才能逐渐被发现，领导有意培养她转行做导演。是继续做演员还是趁年轻向导演发展，这让从小就挚爱演员职业的伊琳犯了难。继续做演员不是不可以，上班让演啥就演啥，下班做饭抱孩子。可是要改行做导演就不是件容易的事了，不仅自己要拿出大量的时间重新学习，工作上也会更忙，同时也意味着伊琳的爱人冯一姐夫要承担起家庭的重担。冯一本是该团的作曲家，平常的工作任务已经很繁重了，再把年幼的儿子和家庭负担都交给他，伊琳的心里实在是不忍。如何处理好家庭与事业的关系呢？在这关键时刻，冯一支持了自己的妻子！他让她不要想那么多，就只考虑是否真能放下演员这个职业，是否有足够的吃苦准备。人这一生啊，最大的幸福就是遇到一知己，女人能有一个知己、疼己、爱己、懂己到永远的伴侣，那真是死而无憾了。冯一姐夫就是伊琳姐姐的大知己。要知道，演员演戏是有瘾的，舞台，那是多少人放不下、离不开的地方啊。就是今天，几十年过去了，提起舞台，伊琳姐依然说没演够，十分怀念在舞台上的感觉呢，可见她当时内心有多矛盾。她吃不下，睡不着，像化蝶似的痛苦思考了三天，她是多么希望在艺术道路上走得更远、飞得更高啊。1984年，伊琳告别舞台，离开未满五岁的儿子和那温馨的小家，只身一人来到北京，走进中央戏剧学院导演系专修进修班。这是她人生中再一次冲刺，又一次向上攀登。

中戏导84班可不一般，主导老师是罗锦麟先生，学生均是来自全国各个艺术团体的业务骨干。能在这样的班里学习，每一个

风采依旧的伊琳。

学生都不敢松懈,就是半夜做梦也全是小品。人送外号"小蜜罐"的伊琳,在班里人缘很好,除了积极参加班里活动,她手上永远拿着几本书,图书馆更是她常去的地方。做导演不光要系统地读名著,读专业书籍,还要做剧本分析、人物小传等等。两年半的学习中,伊琳的小小借书证从第一页密密麻麻地记到了最后一页……

时光飞驰,很快到了排大戏的阶段。他们要排的戏是希腊的著名悲剧《俄狄浦斯王》。这是由著名戏剧家、翻译家、希腊文学专家罗念生先生翻译介绍给中国的,现在这部戏的导演、表演又全部在罗念生之子罗锦麟先生的指导下完成。俄狄浦斯弑父娶母是该剧的戏核,其中有一场戏分给了伊琳所在的导演小组,由伊琳做分组执行。剧情是这样的:当俄狄浦斯王知道妻子竟然是自己的母亲时,痛悔不已,以至在众长老面前挖瞎自己的双眼……如何解释俄狄浦斯此时的心情呢?伊琳想到,俄狄浦斯首先是个人,把他从帝王放到普通人的位置上去展示他的内心,挖瞎自己的双眼才能让人信服,同时更能引起观众的同情与共鸣。那怎样展现这个过程呢?怎样更准确、更震撼、更有戏剧效果呢?她突然想到中国戏曲中有个技巧动作,俗称倒栽葱,也就是演员站在台阶上,向后翻,背着地。这个动作除要求演员有很好的基本功外,也有一定的危险性。在形体老师张金娣、俄狄浦斯王的扮演者徐念福、李利宏以及导演小组同学的共同努力下,终于完美地把这个动作搬到了舞台上。

演出中,此时的俄狄浦斯已知妻子是自己的母亲,他双手高擎,痛苦地呼道:"天光啊,我现在向你看最后一眼!我成了不应当生我的母亲的儿子,娶了不应当娶的母亲,杀了不应当杀的父亲。啊……"只见他慢慢移至舞台中央,背朝观众双手猛地向双眼挖去,随即一个倒栽葱躺倒在台阶上,众长老惊恐匍匐在地,观众席传来一片惊讶声……《俄狄浦斯王》的演出十分成功,在京城文艺界引起不小轰动。1986年应希腊政府的邀请,罗锦麟教授带着中戏导84班全体师生演出的《俄狄浦斯王》,赴希腊德尔菲第二届国际古希腊戏剧节交流演出,获得国际同行们的好评。在此次戏剧节上,除正式演出外,作为文化交流每个代表团还有一个十几分钟的即兴表演来介绍本国的文化。罗锦麟老师知道伊琳是戏曲演员出身,又有较好的基本功底,就把这个任务交给了她。她武的来了段"趟马",文的来了段"小姐下楼逛花园",这在80年代,着实让各国代表团大开眼界,当地电视台转播了多次。

二

伊琳从中戏毕业后,回到原单位。这时歌剧团已和其他团合并了，原本踌躇满志的她却陷入英雄无用武之地的尴尬境地。怎么办？幸运的是伊琳在中戏读书的最后一个学期，学校史无前例地为他们班安排了电视、电影的课程。有此基础，她下定决心拍电视剧去。上世纪80年代末电视剧在国内刚刚起步，戏少之又少，一个刚毕业的学生，又是个漂亮的小女人形象，谁会找她当导演啊。伊琳那不安于现状的天性驱使着她在东北的数九寒天里，找素材，跑剧本，跑资金。这其中的甘苦，至今聊起伊琳姐依然感慨万千。

她在拍军事题材电视剧《黑色的诱惑》时，和一位女编剧到阿荣旗分部所管辖的一个农场去生活，分部的同志给她们派了车，可天降大雪，车没开出多远，就抛锚了。伊琳面对半尺厚的大雪和抛锚的汽车丝毫没有动摇，尽管吃不上饭喝不上水，浑身冻得直打颤，她仍然坚持一定要往前走。一天一夜后终于到达了目的地。后来分部的同志说了实话：他们看到这个年轻漂亮的女导演，觉得她什么也干不成，根本不信任她，但最终还是被她们的执著感动了。被感动的还有沈阳军区后勤部的首长，最终给她们批了几万块钱的拍摄经费。说起电视剧的拍摄经费，现在少则千万，多则上亿，这是多么大的变化啊！

从1988年起，伊琳开始了历时十三年的电视剧导演工作，其间独立执导和与他人合作的电视剧有十多部。其中《士兵今年十八九》在央视播出后反响强烈。该剧连续获得了军内、国内的诸多奖项：飞天奖、金鹰奖、五个一工程奖、解放军文艺大奖等。伊琳说这叫"大难不死，必有后福"哇！原来在拍这部戏时，她经历了一次令人难以置信的车祸！当时正值开拍之前，剧组演职员已全部到达外景地，只等在沈阳修改剧本的两位导演到达后开机。为了尽快赶到拍摄现场，沈阳军区电视艺术中心为两位导演安排了一辆夏利车。令人想不到的是该车行驶到清源县时，因方向盘的拉杆断裂，车一下子翻入路边的稻田里。伊琳从车后座莫名其妙地被甩到了司机座上，人事不知；其他二人甩出车外，趴在稻田地上。这从天而降的车祸叫人后怕，所幸的是那辆车翻到了正值五月插秧前的稻田地里，虽然车已报废，松软泥泞的稻田地却救了三条人命。也许是命不该绝吧，当伊琳醒来时，已经躺在清源县的医院里了。说个小笑话，车祸发生时，前来营救的当地百姓看到趴在司机座上的伊琳，随口说："怪不得呢，是个老娘儿们开的车呀！"

三

2007年伊琳与跟她同岁的先生冯一同时退休了。他们来到儿子工作的北京，用一颗愧疚的心，弥补因工作太忙对儿子曾经的照顾不周。二十三年前的老朋友又相聚了，本以为伊琳姐能消消停停地安度晚年了。可我想错了，她一天到晚还是忙啊忙。忙什么呢？人家不怕累，干上了一份最费力、最琐碎的活儿——中国电视艺术家协会的演员委员会执行秘书长。

什么叫执行秘书长，用伊琳姐的话说，那就是跑腿的。我说："你这个干好了，没人感谢。干不好矛盾重重，净挨骂。"可伊琳姐说："我已经干上了，干就得尽力呀！"大家都认为演员委员会需要伊琳这样一位大姐，既当过演员，又做过导演，懂业务，和演员好沟通，执行秘书长非伊琳莫属。现如今这种全活儿人不多啊！伊琳呢，是那种受不得人家三句好话的人，大家请她出山是信任她呀。于是伊琳姐放下自己红火的公司，拉上老校友张光北，三足鼎立干起来。她为什么拉光北一起干呢？因光北在中戏时就是学生会主席，是个公认的热心为大家办事的人。干演员委员会，没点儿爱心和个人牺牲精神还真不行。

每当我坐在那儿边晒着太阳品茗，边听伊琳姐兴奋地向我讲述她进行每项工作的喜怒哀乐时，我都说："姐，太费心了，何苦呢？你不累吗？"伊琳姐说："我们在做一件有益的事。你在国家剧院衣食无忧，可你知道全国有多少演员没人管，光是北京就有几万人哪！委员会虽白手起家无钱无权，但我们要尽力为他们做点事情，让他们有个家的感觉。"

我知道，为了给北漂演员联系档案存放和办理保险，在伊琳姐的带领下，委员会的同伴们四处奔走，经过近两年的不懈努力，终于办成了。我知道，由于军人特殊的身份，出国的手续极为繁琐，短时间内是不可能办成的。可为了给某身为现役军人的演员申请出国拍片的机会，伊琳姐每天二十四小时开机，一周内联系了军内外数个相关单位，说得嗓子直冒烟。最后在军内外各级领导的支持下，当盖满十几个章子的批件拿到手上时，她比自己出国还要高兴。我知道，今年上半年委员会还有一件大事，首届"中国电视演员形象榜"将落地江苏扬州。随后还有为漂着的演员争取职称评定以及建立"中国好演员"网站等事项正在筹划运作中。我知道，还有更多的时候，她累得半死，要办的事儿却没办成。这个时候，我特心疼年过甲子的伊琳姐。可她说："我有压力，是自己给自己的压力。也许这是我们这代人的通病。我理解演员，其实演员很单纯。要想有凝聚力，让演员信服就要为大家尽力解决一些实际问题，让这些老的、年轻的，一茬茬的业内同仁有个家，漂着的人不再漂，有人管……"伊琳姐貌似是对我说，其实是对她自己说。她在自我排解，在鼓励自己。九岁起就立志要走出抚顺的伊琳，经过一次次的努力，一步步的攀升，走到今天，她还用鼓励吗？

　　伊琳姐和冯一姐夫从没有离开过那片黑土地，那里有他们的根，有艺术的源泉，有写不完、唱不完、演不完的题材。他们在部队近四十年，把一生最美好的时光献给了部队，部队也培养了他们豁达开朗、坚强向上的性格和与人为善的生活态度。现在，这种精神还在发扬着延续着。

扛出来的制作人——刘国华

我认识国华有两三年了,他人长得并不起眼儿,说话慢条斯理,声音也不大。可是他身上有一种气质吸引着我,让我感到亲近的同时觉得他有勇有谋有肩膀,是一个有专业水准的制作人。

刘国华文质彬彬,书卷气十足。最初接触,谁也想不到他是制片人。他有着文人气质,办事先听后商量,实际早已胸有成竹;年龄不大却纵横捭阖,由他参与制作的《风车》《买房夫妻》《五湖四海》《雾柳镇》等优秀电视剧深受业内外好评,收视飘红。经过多年的实践,2012年刘国华荣获第九届"全国十佳电视剧制片人"称号。

国华进入影视行业是从担任责任编辑开始的。那时他经常晚上突击看二十多集剧本,第二天要和作者、导演交换意见。而后他逐渐地进入到摄制组,做过副导演,当过执行制片人,从基层做起一步一步积累了丰富的经验,经过了近二十部影视剧的拍摄最终成为了制片人。这其中的甘苦,喜怒哀乐不是一两句能够讲完的,而在每一部戏中,学到的东西、悟出的道理国华永远都不会忘掉。2003

电视剧《姥爷的抗战》中刘国华的工作照。

年他进入北京大学哲学系美学专业研究生班学习了三年。影视行业各工种的专业训练、实践、积累以及自己在哲学、美学、宗教、当代艺术等多方面、多视野的造诣,使他在日后的制片人工作中厚积薄发。

一部好的作品既要大家喜欢又要达到商业目的,一定是好的团队制作出来的。作为团队的领导核心,这就要求制片人懂艺术,懂市场,善于管理,具备较高的综合素质。刘国华对于"制片人"这一称谓有着自己的理解,他说制片人是一种特殊复合材料锻造的艺术体,这种材料高度抗压、抗击打,是经验和直觉的完美结合体。这个称谓意味着一种责任、一种担当,是一种荣誉,也是一种事业。

"功夫在戏外""无为而为"是国华与我聊天中经常提到的,他说这是两个层次的话题。制片人要把握全剧的生产过程,是立项、剧本创作、前期筹备、拍摄过程、后期制作、发行宣传等各个环节的第一责任人和执行者。"功夫在戏外"则意味着制片人要有能力营造一种好的气场,创造一个良好的工作氛围,挑选和搭建合适、精干的主创团队,既要明确"戏比天大"又要"潜移默化"地去坚定贯彻。"无为"不是"不为"而是尽量要"为"得极致,制定严谨的制作计划,精确到每一天的每一场戏。要使拍摄、制作不受任何干扰,按部就班地进行,抓大也不放小,就要掌握第一手材料,处理好剧组的正常事务和突发事件,控制好拍摄节奏和预算,预防各种想不到的风险。

国华在剧组不吃导演、主演的特餐,不到外边下饭馆,而是和全组同仁吃大锅饭,这样他就能了解伙食情况。他不住五星饭店而是和剧组同住,为的就是感受住宿条件。他在剧组不只在宾馆听汇报、喝茶聊天,而是每天都要亲自去拍摄现场看一看,大事小情做到心中有数,突发情况马上解决,并且建立相应的管理制度。小到灯光器材的检查、车辆刹车的验试,大到每位演员的精神状态,刘国华都要亲自过问。正因为他把工作流程细化了,分解下去的工作会更直接更明确,无一疏漏。每次建组,刘国华都会准备足量的新灭火器,保证安全。在拍摄《罗龙镇的女人》时,全组在有几百年历史的庙中实景拍摄大场面的戏。电线老化引起了火苗,刘国华一眼就看见了。虽然外面下着雨,但是火苗沿着电线蹿起老高,古建危在旦夕。国华领着手下人拿着灭火器冲了上去,瞬间灭了火势,正是有着防患于未然的准备,才能化险为夷。

刘国华很真诚,处理人和事能做到坦诚相见,一切以理服人。他反复讲:"只要和人有关系的事,就是大事。"在他眼中,人是最重要的,应该关心、爱护、尊重。一次拍摄,外景选在青山间的一个小水坝下。河道里全是青石板,水坝不到一米宽,可以过人,与河面有十五米的落差,平时河水通过一道溢流渠下泄。拍戏当日,一个工作人员将固定溢流渠石闸门的铁梁踩断了,几百斤重的闸门截断了溢流。眼见河水漫上了水坝，河床上的青石板上布满了青苔，干燥时行走没事，可是一沾水就变得湿滑无比。此时，别说拍戏，就是行走都很困难。时间不长，小水坝已形成哗哗的小瀑布，可这是拍摄组上百人回撤的唯一通路。这时候导演舍不得这美景还坚持边拍边往下游走，只见河水从层层石缝中不停流出。刘国华果断地决定，不能继续拍摄了，河水再上涨，全体人员撤不出来后果不堪设想。再说，青石板上青苔湿滑，哪怕一名人员摔伤也是大事。国华提着心指挥着，让年轻工作人员站在水坝上，逐个搀扶全体人员慢慢从沟底上来，不知深浅的城里姑娘还边走边唱，对大自然抒发着浪漫之情，而国华却心急如焚，一脖子冷汗，又不敢大叫，看着最后一人安全地撤离了现场，才松了一口气。

影视行业是遗憾的艺术。2007年在拍摄《雾柳镇》时他深有体会。这个戏的导演是黄健中，主演是张国强、陶泽如、李钰、张光北，拍摄地点在四川泸州市合江县的福宝镇天堂坝，后来转场到大邑县安仁镇刘氏公馆拍摄。刘国华此时是执行制片人，自己兼任制片主任，因没有外联，一切要自己跑，难度可想而知了。国华不是个把困难挂在嘴上的人，可从这部戏开始他抽烟喝酒了。

天堂坝是个美丽的地方，《雾柳镇》就在这个离天堂很近的叫"天堂坝"的地方开机了。这部戏难啊，全组二百七十人，十二匹马，武行二十多人（加上群众演员，有时开饭四五百人）。当时天堂坝还未开发，山道三米宽，没有手机信号，可是很美，是个现代气息还没到达的地方。导演相中了这里。刘国华提前一星期来到天堂坝，挨门逐户地拜访村中的每一户人家，对大多数没走出过大山的乡亲们宣传为什么拍戏，拍戏对开发当地旅游资源有什么好处。他用真诚说服了十七户人家。全村动起来了，在剧组全体人员未到前，当地百姓将自己的房屋粉刷一遍，换了崭新的被褥，解决了剧组住宿问题的同时带来了共赢的效益。拍摄进行了一个月的时间，天堂坝至少提前三年改变了面貌，剧组也如期完成了拍摄计划。

　　一个困难解决了，新的问题又产生了。山中道路狭窄，道路两旁一边是峭壁一边是山崖，山崖之下是滚滚江水，人走都困难更别说剧组这么多车，这么多人了。每次出工、转场，刘国华的心都提到嗓子眼儿，可是，怕什么来什么！一次，马队和一辆中巴车发生了冲突。马队走得慢，经常被性急的汽车挤下道，滑落河中。说来奇了，每次马儿总是安然无恙，自己蹦跶蹦跶就上来了。可有一次中巴车的司机惹恼了马倌，年轻人火气大，多日的积怨使两人动起手来。别的司机见打起来，有的也上去助阵，这一打就把马倌打进医院里了。怎么办？剧组是绝对不允许打架斗殴的，不管什么理由，打架的人必须严肃处理。但马要用，戏要拍，一天没车也不行。在这远离城市的深山沟里，大家都悄悄注视着年轻的刘国华如何处理此事。国华沉着应对。首先在第一时间给朋友打电话找了一辆中巴车备用，再请司机班老大坐下谈话。国华先听司机班长谈情况，再"动之以情，晓之以理"地把前因后果摆给他听，请他拿主意。最后司机老大开了那个打架的司机，买了水果糕点亲自上医院看望马倌，给人家道歉，事情终于圆满解决了。用国华的话说，我们是个大家庭。剧组应该营造出欢乐的气氛。有问题不怕，先听别人怎么说，尊重他人就是尊重自己。

　　当时因为修路，从县城到天堂坝需要四个小时，一路坐车摇摇晃晃人都颠散了。当地产的蔬菜少，一下子去了这么多人不够吃，剧组又大多是北方人也吃不惯，可吃不好哪有力气干活啊。作为制片方的刘国华二话不说，再难、再贵也要保证这几百号人吃饱吃好。于是在每天通往县城的公共汽车上，多了许多许多的蔬菜粮油，从未断过。开饭了！全剧同仁自觉等待，让群众演员先吃。年轻人还特能吃，排队打饭的队伍没断过，开饭一小时了，打饭的队伍还那么长。原来，前面的人吃完了，没吃饱，又排到队尾重新领。不能让群众演员饿着，因为吃不饱下次人家不来了，国华作为制片部门的领头人这时就只有领头饿肚子，为了顺利拍摄毫无怨言。

改革开放以来，大山里的年轻人不再安于现状，纷纷外出打工，留下的多是老人和儿童。没有群众演员，这给拍摄造成了很大困难。怎么办？只能从县城请人，找武校的学生充当群演。一次二百人的大场面，用四台大客车运送。一位武校的老师来了两次，捷达车走山路，车的尾气筒都被磕掉了两次。

人要吃饭，车也要喝油。当年赶上油荒，全中国柴油极度紧张。当地加油站排队加油的车见头不见尾。组里四十多台车，还有两台发电车，怎么办？刘国华找到当地的县委宣传部长，把他们到这拍什么戏、为什么到这拍戏、可以给合江县带来什么利益、现在遇到了什么问题，一一如实阐述，又把宣传部长请到现场，让部长目睹大家的创作态度。这一切感动了部长，得到了特批的油料。这来之不易的油，白天不能拉，因为到处是急眼的偷油人。国华命令晚上出动，将组里十九个油桶都装上，拉回来早晚派人看着，保卫油！可转场时，还是有几桶油没拉出来，被当地的油霸持刀拦截了，这是明目张胆地抢油。财物事小，保证人身安全是最重要的。国华首先给四川省公安厅打电话报警，但因地处深山老林，路远人稀，得不到及时解救。他一方面继续四方求救，一方面指挥人员及时脱身。等派出所干警到现场时，组里的场务人员已经安全了。油当然是一桶也没了。

干我们这行最大的特点就是有戏累死，没戏闲死。国华在每完成一个项目之后，都会快速回归生活本真。刘国华平时的生活状态与他工作时完全不同。他喜欢与朋友们喝喝茶，抽抽雪茄，谈谈艺

喝喝茶，抽抽雪茄，谈谈艺术的刘国华。

术，清空脑中的繁杂事务。当再次进入工作状态时，又精神百倍。

2008年拍摄《东京生死恋》又是一次让刘国华谈起来记忆犹新的经历。国华是中途接的制片人工作，这个戏投资预算很低，全剧安排在日本拍摄，担子何其沉重，在旁人看来甚至是不可完成的任务。

首先需要解决的是陪组翻译问题。前制片人选用的翻译不靠谱，要演戏，要改剧本，还要参与制作的经济命脉。试想，制片部门如果不能控制全盘，到了日本又语言不通，人生地不熟的，要是没钱了，要出大问题！因此刘国华又准备了新的人选，事实证明这一决定是正确的。后选的翻译通过努力介绍了许多当地的关系，在当地也找到了专业的外联制片，通过日中友好协会的友好人士，解决了许多难题。他们接触的日本友人多已上了年纪，退休在家，可是这些老人平日苦学中文，弹古筝，写汉字，对中国的文化十分热爱。

在日本拍摄的审批程序非常的规范，制作成本和国内也不同，用人民币去日本拍戏，困难重重。作为制片人，刘国华要想到所有的运作方案和应对方法，"只要想到了，提前做了，每一步都会帮到你"。遇到困难时国华心里就一个字——扛。

同行都知晓，在飞机场拍摄是影视剧制作的难题。《东京生死恋》讲的是留学生的故事，剧本中当然要有和飞机场有关的场景。怎么办？主创部门在出发前就预先做好详细的拍摄计划。首先，定国航的班机，与航空公司说明情况，将摄影机带上飞机，在飞往日本的过程中随时拍摄。计划到达日本成田机场后，采用跟拍的方式拍摄，演员始终在角色中，一路走一路拍。再有，租用专车接机，在去往驻地的路上同时完成街景的拍摄。所以从摄制组上飞机的那一刻开始，工作已经开始了。

在日本成田机场飞机一落地，第一个状况就开始了。我们的演员在洗手间换好服装化好妆，导演和摄影师先出去，查看好拍摄路线后，请演员带着戏出来。这边说着台词，那边扛着摄像机拍摄。出关的滚梯很长，由着大家撒了欢地拍。不想，这一切全被机场保安监控到了，很快一行人被请到了海关安检室。

刘国华早有防备，在拍摄完成后，将母带偷偷撤换了下来。果不其然到了海关连人带机器就被扣了。根据预案，赶紧联系中国驻日使馆。因为提前和使馆有沟通，讲好如果有什么事，一定协助解决。接机的使馆人员很快就到了现场，写了保证书后得以放行。日本是诚信国家，法律很是严谨，这样拍摄，虽然获得了想要的素材，其实触犯了日本的法律。

在日本拍摄，场景是最大的问题。有个主场景是商业街，街道两边的住宅都是私人财产，拍戏是扰民的，在当地拍摄必须有严格的计划和审批制度。刘国华联系当地政府的市长和官员，得到了大力的支持，原以为这就万事大吉了。其实不然，在日本老百姓是老大，还需挨家挨户的登门拜求，恳谈后获得各家的许可，才能拍摄。在做此工作的过程中，刘国华真正体会到什么是"磨破了嘴皮子"。当时他和一位日方外联一家一户地去恳请左邻右舍，这位外联已有六十多岁了，当国华看到他走进每户人家都诚恳地给人家鞠躬跪谢，很是感动，也对日本人办事的认真和严谨有了深刻的体会。

在日本拍戏，遇到的绝大多数人都是友善的。日本很发达，社会井井有条，人人按部就班，但有几个坎总是要过的。

一次按照计划拍摄地铁的戏。到了预定地点，被日方临时通知：原定两小时的拍摄时间被压缩至十九分钟，车上还没有群众演员。因为申请批准拍摄非常的不易，刘国华果断地决定：先拍。同时解决的方案在脑中已形成。一切从简，支架导轨全不用，摄影师扛着机器抢拍主要的情节。十九分钟，一眨眼就到了。而后，对日方违约提出严重抗议，对他们讲完不成任务的后果，讲爱国主义。这边说着，那边继续拍，国华坚持着，不拍完就是不走。最后日方妥协了，让剧组转到一条支线继续拍摄。支线旁有美国军事基地，严禁镜头对着基地方向。未曾想，女主角的英文助理（美籍）到站台对面拍花絮，镜头冲向了美军基地。这下麻烦来了，被美军发现。车站来电话，请剧组相关人员到美军基地问话。因为日本人最怕美国人，结果如何还不得而知，当时真的冒汗了。刘国华命人迅速将录像带换下，让剧组人员带离现场后，带着翻译和惹事的助理去了美军基地。还好，以不许继续拍摄的结果解决了危机。虽然折腾，总算完成了地铁的拍摄计划。

戏里有红灯区的场景，在日本，法律规定红灯区严禁拍摄。警察、当地事务委员会、黑社会几个方面都会干涉。歌舞伎町位于东京新宿，是亚洲最大的"红灯区"。面积不大，却云集了酒店、陪聊店、相亲店、情人旅馆、弹子赌场等五花八门的店铺。刘国华和张光北老师一起通过多方打听，决定找李小牧帮忙。他是小说《歌舞伎町案内人》的作者，成龙电影《新宿事件》的剧本顾问。他到日本已经二十年了，开着自己的湖南菜馆，手下有二十几个兄弟做皮条客。新宿可以说是李小牧的世界。他虽是个有着传奇色彩的大名人，可真要找到他还费了一番周折。后来知晓，其实给中国驻日使馆人员打个电话就能找到这位热爱公益的侠客了。因为李小牧本身是文艺青年，一见面，五分钟谈定，成哥们儿了。李小牧本人是红灯区地方事务委员会的理事，经常带着袖标维护歌舞伎町的安全，说话好使。他先带刘国华一行去拜访了地方事务委员会，待正式开会研究后，得到默许：可以拍摄，但法律不允许，黑帮那边我们也不负责。

李小牧又带着去见红灯区的黑帮。对方张口就要相当于二十万元人民币的保护费。二十万人民币在当年可不是一笔小数目，在李小牧真心的帮助下，说服了对方，结果拍了四天没要这钱。

最后就是怎么对付到处巡逻的警察了。李小牧让手下的兄弟停了生意，四处蹲点，把风通信。摄影师将机器藏在宽大的风衣下，照明师攥着手灯，演员反复走好位置，单等警察巡过，导演一声"开始"，机器上肩，手灯打亮，演员入戏实拍。刚开始心里打鼓，怕呀！认为这手灯一打，还不得有人报警。没想到，到底是红灯区，四处灯红酒绿根本无人管。整个过程既紧张又刺激，眼看在新宿的戏就结束了，又出状况了。

在歌舞伎町拍摄的最后一天，场景是歌舞厅门外。内景戏拍完了，只等天黑后拍进出的戏。万万没想到，当地最大的黑帮老大来了。豪华的超级大皇冠一停，四个西装革履的秃头护卫着两个老人下车，头发锃亮，一丝不乱，目不斜视，径直进了歌舞厅。车停在了大门口，不动了。刘国华心里忐忑不安，带着组里这些人在外面等了一小时又一小时，还不走。这边着急地探望，那边黑帮老大的护卫也警觉了起来："马路边一群人东张西望的，还有摄影机，什么的干活！"刘国华一看不好，真要引起冲突可就麻烦了。先撤吧，可是就差这一个镜头，马上又要转场北海道。怎么办？赶紧找李小牧。李小牧及时赶到，一看这情景，这黑帮老大他认识，但不太熟，过不上话。刘国华决定：无论如何也请小牧去试试。大不了不行就是了。结果一试，对方居然同意把车开走，但是要求老大出来时不能拍摄。

之后，剧组又经历了一个又一个困难，制片部门"兵来将挡，水来土掩"。不管是人为捣乱还是北海道无雪，这一切都在刘国华"扛"的信念下——克服，他从不言放弃，最终在异国他乡圆满地完成了拍摄任务。

天才在于勤奋。刘国华从一个文人"扛"出个出色的制作人。此时此刻，我想起国华自取"国华抱一"之雅号，有着"抱元守一"的理念，一生二，二生三，三生万物，坚守着自己的信念，逐步去实现心中的目标。我真心希望新时代的制片人都能像刘国华这样，懂业务、细心、专业，有责任心，有使命感，扛得起，放得下，把美学观点与哲学思想融为一体，化在现实中，从中找到工作的动力与生活的快乐。

先做人后成事——李瑛和李萍

认识李瑛、李萍姐俩也就是近期的事情。一年间，从不相识到连着出演了她们分别负责的两部电视剧《婚前协议》和《保卫孙子》，可谓缘分匪浅。

一

和李瑛相识是在拍摄电视剧《婚前协议》的第一天。我们同乘一辆面包车去拍摄现场，其实我心里对一些没本事、不懂市场、不懂艺术、傍大款弄笔钱拍戏玩玩的小妞很是不感冒，我想当然地以为李瑛也是此类。可一路听她与别人的对话，似乎又不像。而且一个制片人能和大家挤坐一辆中巴去现场的为数并不多。到了现场，马上进入拍摄，一个上午下来只拍了个大全。之后大家聚在法院外的廊下休息。这时李瑛走过来，对我说："你戏很好，我们公司下面要拍一部戏，里边有个人物很适合你，你来演吧。"我看着她不

姐妹俩的合影。

置可否,心里想:"我刚演一场戏,又没台词还是大全景,你也许连我叫什么名字都不知道,凭什么请我演戏?"我以为她也是那种大忽悠,随之把此事丢在脑后。没想到第二年春节刚过,我真的去拍了李瑛提到的戏,这就是《保卫孙子》,而制片人也从姐姐李瑛改成了妹妹李萍。

　　观察,是李瑛的职业习惯。其实那天到现场,我观察李瑛时,她也在默默地观察这群刚聚在一起的朋友。首先作为决策人他们要看许多演员的资料,从中选出若干适合这个角色的演员。再一个个接触,多方权衡最终确定一名。所以我不认识李瑛时,李瑛对我已十分了解,包括业务、口碑等各个方面。她知道演员是很脆弱的,需要各方面的关心和爱护。制片人到现场会起到鼓励演员的作用,并且可以及时发现和解决问题。李瑛作为制片人不是高高在上发号施令,是用心去感染剧组的工作人员。有时要亲力亲为,以身作则。她说:"只有把自己当作剧组的一员,和大家一起工作,才能带领大家创作出优秀的作品。"一切为了拍摄！她会及时处理问题到深夜，也会为了保证现场工作人员的伙食，亲自审定剧组的食谱。制片人在剧组要营造一个既团结紧张又轻松愉快的氛围，有了好的氛围，才能有高的工作效率。搭建剧组班子的唯一标准是活儿好。从编剧、导演、制片、演员、各部门长，哪个环节出问题都不行。风物长宜放眼量。大家在一起是做事的，而不是挣笔钱就完了。本着这样的原则，加上南方女人特有的细腻，她常让我时不时感到温馨。我们的戏最后一个场景是我的主场，而那时我的新书《谁在舞台中央》正好要在首都剧场开发布会和在西单图书大厦签售。不光我要请假，饰演我儿子的何晟铭也要前去助阵。可我们一走，就无戏拍了，怎么办？剧组临时改变计划，安排上午休息，下午两点开工。李瑛和邓细斌不光批准我去开会，还代表剧组送了两个高高的大花篮，并且早早去了西单，自掏腰包买了十本书送朋

方子春新书签售现场，邓细斌、李瑛、濮存昕、何晟铭到场祝贺。

友。我嘴上虽然没说过多感谢的话，却永远记在心里。

《婚前协议》拍摄结束后，妹妹李萍主管的《保卫孙子》在上海开机，我在其中出演女二号马大铃。李萍的专业是服装设计，但从未进入这个领域反而通过做影片的发行进入了影视界。她比姐姐李瑛外表更加娇小，当我们一天天熟悉起来，我深感她们有许多共同的特质。俩人同样不骄不躁，细声细语，温柔体贴，遇事冷静，外柔内刚，待人真诚，以理服人。李家姐妹一直是相互配合的：销售以妹妹李萍为主，姐姐李瑛也会从旁协助；《婚前协议》以李瑛为主，《保卫孙子》就以李萍为主。这是李萍负责的第四部戏，从中我看到了她的工作能力。现在影视剧的制作成本越来越高，谁能够适应市场的变化，把钱花在镜头看得到的地方，谁就是赢家。李萍站在第一线，带着剧组，很多事情能第一时间就知道，做出最快的反应。她严格掌控着各项设备、服化道的预算，顺利地完成了拍摄任务。

李家姐妹觉得亲和力很重要。这点银润传媒的陈向荣总裁对她们的影响很大。陈总是用人不疑，疑人不用。他很放手，所以工作中李家姐妹对制片主任也很放手，同时要做到奖罚分明，还要腾出手来抓剧本，因为剧本才是一剧之本。演员对戏是锦上添花，但不能够扭转乾坤。剧本一定要成熟才能拍。一个戏要天时地利人和，一个制片人也要懂得发掘人才。李家姐妹做人可以带感情色彩，工作上则不能，她们挑选合作人选的基本要求是一致的：活儿好，人品好，这样大家才能共事。

二

随着文化市场不断变化，影视剧行业也日趋专业化，形成了产业链。如今从选题、评估、制作到宣传、发行,已经不再像从前那样基本上一个人说了算,也不再是凭关系的制作形式,变得越来越规范。现在要依照数据、收视等专业的生产流程完成一部戏。李萍在这样的大环境下进入影视界,在实力很强的上海银润影视传媒工作,这使她的能力得到充分的展示。以前影视剧是公司拍摄出来,发行部门来销售。生产出好的作品才能保证好的销售,获得好的回报,然而发行销售跟制作永远是一个矛盾。由此李萍萌生了从发行向制片人发展的想法。李瑛、李萍姐妹的配合是很好的,姐姐抓宏观和大局、项目的拓展和协调;妹妹重在执行,先把销售的路通好,然后再讲这个题材在市场上应该花多少力气,花多少资金,请什么样的演员。因为一个项目的气质决定了它能做多大的盘子。有些项目,可以大制作,以此来打品牌;有的戏,对投资方而言就是短平快,有利润就行,相对比较商业一些。就拿《婚前协议》和《保卫孙子》来说,气质就是不一样的。同样是立足于现实题材,两姐妹没有去做那些婆婆妈妈儿媳妇的戏,因为同类题材太多,继续跟进很容易被淹没,而且不同的境界和视角决定了两姐妹不喜欢随波逐流,因而首先要在题材上有所突破。两部戏中,《保卫孙子》更落地,更生活,有正能量。《婚前协议》让人家一听,是话题性的东西,甚至连如何宣传都一早想好了,每天播两集或三集,播后可以和观众互动,请一个民事律师,接待观众的电话咨询,以婚姻为话题展开探讨,放大宣传点。这些都收到了不错的反响和效果。

摄制组就是一个生产团体,各部门只是分工不同,职位不分高低,只有同心协力地努力工作,才能给观众提供好的作品。李萍讲:"不是因为我是制片人,我说的话就都是对的。我需要做选择,要在剧组里深入了解情况、分析、抉择。工作人员会给我一些有益的建议。"影视剧的拍摄组都是临时组建的,不好管理。作为制片人，既要谈感情讲缘分，又要很有原则，把握大方向。首先要把戏拍完，这是最终目的。制片人的职责就是解决问题的，只有这样，大家才会很认真地掏心掏肺地帮投资方把戏拍好。有的制片人做得很差，表面很强势却不讲道理，这样做就算能把戏拍完，但剧组人员可能只花了六十分的力气。如果大家讲感情，像家人一样，就可以发挥出百分之百的力量，甚至可以不求回报。

在李萍的剧组，制片人的这份真诚就打动了我。当我到达上海虹桥机场时，刚走出机场大厅就在接机的人群中看到了老朋友，胖胖的小胡，两眼笑成一条缝，胸前抱着一大捧鲜花，代表剧组欢迎我。我们一路欢声笑语来到住地，一推房门，只见不大的圆桌上放着一个大大的果篮。百合的香气与水果的清甜一直在房中经久不散，让人心里暖暖的。我进组后没多久就发现宾馆里的走廊上，有个长得白白净净、走路跌跌撞撞、说话声音细得像小姑娘的小男孩，看上去也就两岁左右。原来为了事业、家庭两不误，李萍把整个家搬到了剧组。其实，这次我在剧组凭空受了一些气。这是在我的演艺生涯中没遇到过的事，很委屈。按我以前的脾气，如果不给个说法，不给我道歉，我绝对不拍。但当我拍完一天戏，晚上十点多钟了，看着同样疲惫的李萍和邓细斌在等着我，我哭了。我没让他们太费口舌，该拍戏拍戏。第一我的年龄在这，不与人计较。第二我觉得这个事情没意义，不予理睬。说真的，我觉得李萍他们很难。那么晚了，还要为这么个小事费心。我是老大姐，一定不能再给他们找麻烦。这些点点滴滴，都带给我实实在在的温暖。

李萍，一个服装系毕业的小姑娘，经过十年的磨练，从发行成为专业的制片人，这其中定是甘苦自知。作为一个女人，要怀孕、生孩子，但从没耽误过工作。《保卫孙子》拍摄过程中，有个投资人来剧组探过班。他是个很大的房地产商，和银润陈总关系很好，想跟银润合作。他一看李萍把儿子带到剧组，而且住的就是剧组普通的房间，深感这个制片人不容易，后来他问李萍为什么不住好些，李萍回答："我不可以远离群体。我作为制片人，如果住在一个五星级的酒店，下面的人都看得到。孩子进剧组是我个人的问题——我希望把工作做好，也兼顾家庭。我把儿子带过来，也是因为想和大家每天都有交流。我不喜欢听的，我喜欢用眼睛看。我老公蛮支持我，他知道我们的不容易。以前他觉得做发行都是吃吃喝喝，在饭桌上完成的。但在这部戏的拍摄中，他看到我一直在跟导演谈剧本，在现场处理这样那样的问题，他知道我一个女人要管理剧组一百多个人，不容易。"是啊，不容易！不和大家在一起怎能第一时间掌握情况，快速解决问题？作为制片人首先就是一份责任心，最起码要对得起老板。既然老板相信你，放手让你去做，几千万扔在你手里，虽然他不会来问，但要对得起他。不管能力有多大，一定要尽心尽力！

三

李家姐妹的父母是普通的工薪阶层，工作兢兢业业，待人十分和善。从小她们以父母为榜样，相信好人有好报。李家父母把这对姐妹当男孩养。她们读书的时候，就算经济上紧些，女儿说需要买个电脑，父母就能花一万多块钱买一台386，那是最早的台式机。但如果女儿说，我要买一件新衣裳或是化妆品，他们是不会同意的。李家父母一直觉得，女孩要有责任心，事业为重。到了大学毕业，父母不会对她们说，女孩子只要安安稳稳地找一份稳定的工作就行了；他们会说女孩要有事业心，不会特别宝贝她们。大学时李萍住在学校（就读中国纺织大学，现在叫东华大学），毕业后出来工作，那时工资也就三千块钱，单独租房子租不起，公司三个女孩合租个两室一厅。两姐妹非常独立，潜意识里从小就觉得没有什么问题要父母解决，都是自己解决，很早就自立了。

后来，她们到了谈恋爱的年龄，李家父母说，你不能随便用男孩子的钱。他请你吃一顿饭，你也得请他吃一顿。这些只是生活的细节，看似平常，但潜移默化中父母不断给姐妹俩灌输着做人的道理。到现在李萍还跟爸妈开玩笑，就是因为你们这种教育，让我从来不靠男人。这种"女孩就应该自立，不应该靠男人"的思想以及家庭和睦的状态对李家姐妹的影响很大。她们坚信大多数的人都很善良。如果在工作上碰到不靠谱的，那以后就不合作。但不能上来就把人想得特别坏，社会还是很温暖的。怀着一颗与人为善的心，她们遇事能够冷静处理，以理服人。

四

李瑛现在正跟 MBC 电视台合作，学习他人的先进技术，也要学习他人的工作态度。如果没有学习，没有比较，就不会有进步。李瑛提到了一个工作细节：每天收工，韩国导演会在门口跟所有演员、工作人员一一握手。他说："这些人都在帮助我完成一个艺术作品，所以我要感谢他们。"这样一件小小的事情，让李家姐妹深刻感受到韩国的影视之所以如此成功，工作态度是关键。从事一个行业，首先是热情、责任以及感动。所谓感动就是你去感动别人，同时人家也会感动你。他们都是为你这个戏来工作来服务的，既然选择了合作，就要相信他人。李家姐妹之所以干劲十足，是因为她们做制片人讲的是以诚相待，是与人合作来共同完成一件艺术品。

化妆师姚钥

清晨起来,天气有些阴沉,窗前的月季在风中摇动着。风儿吹进窗来,带来了蔷薇淡淡的香气,也把窗棂上的风铃吹得发出轻轻的声响。常说,风是雨的头,清脆的铃声似乎对我说,要下雨了。我站起身,走到落地窗前,双手捧着茶杯,一阵清纯的龙井新茶的香气随着热气升腾上来,沁人心脾。雨真的来了,滴答,滴滴答答,它敲打着玻璃,我的思绪随着这雨点的洒落飞向远方,飞向正在雨中拍戏的好友姚钥身旁。

说起姚钥,不少人都知道,他是一直在上海发展的资深化妆师,东北人。我和他合作过两部戏,从陌生到熟悉,从见面就"吵"到姐弟情深,真是"打"出来的交情。昨天他微信告诉我,他和谢园老师这次在云南碰巧又在一个剧组,他们很想我,很想我们2005年一起合作的日子。

一

那年的深秋，北京的树叶已变金黄，我接了夏钢导演的电视剧《荀慧生》。在这部戏里我饰荀慧生儿时的师娘，外号"宫女"。当我走进化妆间时，见到一位英俊小生模样的人正在自顾自地钩头套，他抬头瞟了我一眼，任我在门口傻站着，好一会儿才放下手中的工作。他就是姚钥。

姚钥给我的第一印象并不太好，傲气，不像个化妆师，更像个演员，见人也不先打招呼，更不笑，话不多，用眼神和手势招呼你。他先对来人打量一下，再用一只手拍拍椅背，示意你坐下，如你反应慢了，说不定就给他留下个没灵气儿的感觉。三回没灵气儿，他会对自己叨唠着："完了完了，咋没灵气儿呢？这啥演员？让他坐都不知道，这能演戏吗？谁找来的，真是。"写到这我就想笑。其实不是姚钥看不起人，是因为他太聪明了，聪明加勤奋，使他过于能干。不是说嘛，能干的人有脾气，不能干的人有什么资格发脾气。这当然是说笑啦。不过姚钥的能干可不是说笑，他是个极用功的人，业务上没的说，本来搞服装设计的他偏偏爱上化妆艺术，于是又搞起了化妆。按理说，人物的造型是由造型设计师、化妆师、发型师分工设计的。他进组，来了个三合一，也就是说，人物造型设计、化妆师和发型师都他一手包办。这可不是说干就能干的，首先要懂戏，肯下功夫琢磨，更需要很强的动手能力，各种造型千变万化，没两把刷子玩不转。没有深厚的艺术造诣和多年练就的化妆技巧还真当不起，而姚钥正是能够担当的人。

每个剧组里都有一间大小不一的化妆室。这里因工作需要冬暖夏凉,每日最早开门,最晚收工,是个披星戴月、终日开灯的地儿,是演员进入人物的第一道门。我就是在这道门里与姚钥共同完成了宫女的造型,结下了友情。记得那天我坐在镜前,姚钥并没马上动手化妆,而是和夏导站在我身后,从镜子里认真地端详起我的脸来,一边端详,一边揣摩如何让这张脸与他们头脑中的宫女靠近。化妆镜与家里的镜子不一样,它很平,很厚,质量很好,人不会有一点点儿变形,加上镜前的强光照射,把你平时观察不到的细微之处全照出来了。化妆师的眼睛比镜子还厉害,演员脸上的优缺点,一览无余。夏导和姚钥对着镜子看着,又打开宫女的造型图对着我的脸比画开了。不一会儿,在脸上试好了个妆,看看,觉得没什么特点。夏导那人是闷瓜型,不会说太多,只说了句:"别急,再想想,再想想。"姚钥是个急性子,有不满意的事,吃饭睡觉都不踏实,可直到晚饭时分宫女的造型还是不能令人满意,我们决定先卸妆吃饭。明天再试!

晚饭过后,我见化妆间亮着灯,就走了过去,姚钥一个人还在埋头快速地钩头套。听见有人走来,他侧头看看,客气地招呼我:

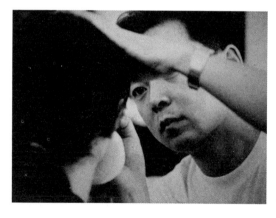

化妆师姚钥。

"方老师，来，坐。"说着放下手中的活儿，"下午咱们试了试，您有什么想法，也说说，咱俩一起研究研究。"我在姚钥对面坐下，并没直接说人物的事儿，而是先拉拉家常，让彼此熟悉起来。"小姚，你形象这么好，怎么不当演员呢？""我出生在佳木斯，是黑龙江农垦总局北大荒文工团的舞蹈演员，跳了几年，后来改搞服装设计，喜欢化妆才干这一行……"我们聊着，加上下午一起工作了几个小时，陌生感在不知不觉中消失了，话题也慢慢转到了宫女的造型上。其实，我和姚钥一样，是个做功课的人。在接到剧本后我查看了能找到的有关荀慧生的所有资料，关于他唱梆子时期的资料并不多，只知道他师娘是河北人，后来嫁给师父定居天津。师娘本人并不会唱戏，人也没什么文化。虽长得五大三粗，还是个麻脸，却自命不凡，处处显摆是从宫里出来的，所以人称"宫女"。她对荀慧生不好，平日不给吃饱，一心想让荀慧生学武生的她，有一次竟找来一姓魏之人，把小荀慧生的腰打坏了。如果把宫女的造型原样照搬到荧幕上行不行？我们一致认为不行，如果给胖宫女点一脸麻子，虽靠近人物却又给人脸谱化的感觉。怎么才能既不脸谱化又能突出"宫女"吹牛炫耀、心狠手辣的人物性格？怎样才是解放前民间戏班班主的典型形象呢？那一晚我们始终在琢磨。

第二天一早，当我再次走进化妆间，姚钥热情地招呼道："春姐，快来快来，吃早饭没？没吃这儿有，我昨晚没睡好，满脑子宫女……"看他兴奋的样子，一定想到了好点子。不觉之中，"方老师"已改成"春姐"了。我再次坐在镜前，任姚钥对我的脸"大展宏图"。嚄，粉底像刷墙打腻子似的往脸上招呼。再看我，大白脸，柳叶眉，樱桃小口一点点。加头饰，穿服装。站远点整体看看，走走，两步一扭。哎呀，整个一个戏曲模样嘛！在生活中这装扮可有点吓人。请过两位导演看了看，夏钢、孟朱都说好。原因很简单,荀慧生的师父当年是梆子界的名角儿,为显示身份处处炫耀的师娘虽不会唱戏,却在生活中给自己画戏妆,生怕别人不知道她是师娘。姚钥这个想法太好了,在大白脸的基础上他又试着梳了各种发型,找到既符合人物又适合我脸型的发型之后,再考虑插什么钗子,这场戏用什么头花,那场戏戴什么首饰,什么样式、什么颜色的服装配什么东西。总之,头发梳了拆,拆了梳,服装穿了脱,脱了再穿,不厌其烦。溜溜的一整天,化妆的人累着了,试装的人也累着了。夜幕来临时总算基本试完,拔下头上足有二两重的钗子、卡子,卸下头上的一堆假发,人一下子轻松了不少。再看我,真头发被发胶粘成一条条,乱七八糟地立在头上,加上一张打着厚粉的大白脸和一身大红大绿的衣服,样儿大了。这时你要在灯光昏暗的郊外遇到我,非吓个半死不可。此时我们不顾疲惫都特别开心。得到导演的认可,宫女活脱脱地立起来了。可这还不算完,之后的几天我们不停地往宫女的头上、脸上、手上包括身上加东西。

比如,过去天津人过节喜欢戴红绒花。姚钥就真上天津寻摸来几种老式绒花,一个个插在我的发髻上对比哪个效果最佳。比如,我觉得脸上的妆似乎太干净了,姚钥左看右看在嘴角上加了个黑痣,人物顿感刁蛮。再比如,我们把大红指甲油涂满十指后又把指尖擦出残缺,以示宫女也是要洗衣做饭的劳动者。还有小道具,行内有句话叫"戏不够道具凑",这说明道具在戏中的重要地位。我想起那个时代的媳妇都喜欢在腋下的大衣襟上别一块手帕,就请道具师小力帮忙。他一下就给我做了十几条大小不一、颜色各异的手绢,任我在各种场合配着服装使用。在这种不停的微调中,人物越来越丰满,我和姚钥对宫女这个人物的信心也越来越足。只有一点遗憾,导演本来让我说天津话,我苦练两个多月,可正赶上广电总局下文,要求语言类节目都说普通话,我们只好服从。如果宫女这个人物，戏曲打扮，再说一口天津话，那彩儿可就出到家了。

通过试妆，我的腿已习惯性的有事没事往化妆间跑，我喜欢那里的创作氛围，也在那里学到许多过去不知道的知识。《荀慧生》是个年代戏，戏中不光有几个时期的人物造型，随着剧情的发展还有不少历史名人出现，还需要戏曲舞台用妆。这首先就要求化妆师有融会贯通的功力，就拿四大名旦梅兰芳、尚小云、程砚秋以及我们戏的主角荀慧生的人物造型来说吧，既要画得像还要把人物画出风采，这是个不小的课题。那段时间姚钥天天失眠，满脑子是妆，头发一把把地掉。我们讨论过这个问题，从演员的角度来说，要向人物靠拢完成角色；而对化妆师来说这个方法很容易把角色画得僵硬，不真实。如何将历史中的真实人物和戏中的角色以及现实中演员本人的脸型更好地结合，既画出光彩又符合剧情的需要呢？

功夫不负有心人，姚钥大胆地采用反向思维，让人物往角色上靠，根据演员的自身条件来化妆，使演员最大限度地接近角色。娄宇健是杭州的越剧青年演员，他很用功，也很谦逊。接到荀慧生一角时十分重视，一心扑在戏上。姚钥就从荀慧生的妆开始试，一遍不行两遍，青年妆通过了，然后是中年妆、老年妆……就在开拍前几天，一个英俊儒雅的荀慧生站在了导演面前。不光两位导演称好，人人都赞漂亮！这妆化的，符合荀慧生的名伶身份。姚钥的妆对于娄宇健塑造荀慧生这个角色起了很大的作用。

人物造型一一搞定之后，戏曲妆又是一个很大的课题。这么集中的、全面的戏曲妆，姚钥也是第一次遇到。组里请来了北京戏曲职业学院的佟群雁老师，姚钥本来对戏曲妆就有很大兴趣，只要老师到场，他不离左右地学着，眼睛从不离开老师的手，耳朵细听老

方子春在电视剧《荀慧生》中的宫女造型。

电视剧《荀慧生》中老年妆的造型,方子春饰演宫女,谢园饰演庞艳云,娄宇健饰演荀慧生,造型师:姚钥。

师的讲解，脑子不停地记下。老师走了，姚钥看笔记，自己琢磨。常说"师傅领进门，修行在个人"，姚钥很快就掌握了荀派、梅派、程派、尚派之间不同的化妆造型技法和手段。从此一发不可收拾。

二

《荀慧生》的拍摄过程异常艰苦，我们是双组同拍。从北京到天津，又去上海。从树叶金黄拍到满地落叶直至雪花飞扬。从深秋拍到岁末年初，过了新年，春节将至，早放的爆竹声声脆响。但不管当时有多么困难，我们走过来了。回想当年，记忆中只留下了美好，其他的好像都忘了。

《荀慧生》是年代戏，一个人要有几个妆，化妆组很辛苦。每天他们比鸡起得早，摸着黑为当日上戏的演员排好时间依次化妆，不得有误。晚上大队人马收工了，他们要清洗头套、胡子，化妆用过的海绵、粉扑，再把当天用过的东西——收好。然后根据通告，准备好明天拍戏的东西。往往服、化、道的朋友们是除制片部门以外全组休息最晚的。《荀》剧组的化妆组除现场跟妆的几个人以外，只有三个化妆师——姚钥、田原和姗。而我的戏主要和两个人在一起，饰演荀慧生的娄宇健及饰演师父的谢园。每次去化妆对我来说是个既高兴又痛苦的事儿，因为电影学院的大教授谢园老师是个太风趣的人，有他在化妆室定会笑声不断。而听他说话不光能笑，还能长知识，尤其他的艺术理论和黑白电影分析讲得好极了。一部看过数遍的《南征北战》让他解析完，你像没看过似的，非要重新看一遍不可。他还是个资深的京剧票友，能唱各种行当、各种流派的唱段。《荀》剧中师父在舞台上的河北梆子《大登殿》都是谢园自己唱的，所以和谢园一起化妆十分快乐。

　　但去化妆室我也有怵头的地方。娄宇健是主角，戏多。姚钥首先要给他化妆。谢园的妆是由田原化。我去了姚钥就让姗先给我梳头，待娄宇健化完，姚钥再给我化。本来这种安排没什么不对，但姗是新手，对于要有一定技术含量的绷吊和用真发盖假发等技巧活，她总是手忙脚乱搞不好，时不时揪得我生疼，几个月没有一次梳顺溜过。而姚钥又是个一丝不苟的人，一看姗梳得不合格，二话不说，上来就拆，于是我每次化妆要梳两遍头。可不拆也不行，有时这头发一吊就是一整天，有一根头发揪着，一片头皮都疼，卸妆后常常两边头皮被揪起一片疙瘩。痛苦啊！悄悄说一句，至今我两边头发也比中间少许多。得，姚钥听见我这话又要气"疯"了。姗很努力，性格又是温柔无比，其实她只要不给我梳妆我挺喜欢她的。听说现在她也是化妆老大，自己挑班了。但当时对我这可怜的头发伤害真

电视剧《荀慧生》中由姚钥负责造型的四大名旦合影。

《荀慧生》剧照,娄宇健饰演荀慧生。

的很大。如果有一天我和姗再碰到一个剧组,一定让她请我吃饭。而姚钥让笨姗在我头上练了几个月的手,这"仇"我算记下啦。

　　当然,记下的还有太多美好的东西。当我踏着吱吱作响的大雪,从无火无电无水的影视城摸着黑返回宾馆,推开化妆室的门,一股热气扑面而来,姚钥和田原早已弄好了火锅或热汤面,专等我们几个收工。这时,他们一边快速地给我拆头,让拴了一天的头发赶紧松快松快,一边为我拿碗筷,让我赶紧暖和暖和。头一拆完我顾不上卸妆就吃上一口。嘀,滚烫的食物从嘴里一直快速地滑入胃中,两口下肚这人就暖和起来了,三口过后,头上冒汗,长出一口气,太舒服了!那种满足感,那种在极度寒冷与疲惫时被友爱包围着的感觉,是没有在外过过集体生活的人所感受不到的。人们甚至很难理解为什么剧组出来的人互相总爱称兄道弟,就是因为大家出门多日,工作、吃住行都滚在一起。和正常上班的人不同,一同吃住几个月的人际关系自然而然地起着变化,称呼也就像家人一样。"老妈""春姐"成了我的统称。当然，也有淘气的姑娘、小伙儿叫我"小春春"的，而姚钥也成了我真正的小老弟。

　　姚钥断不了出去买化妆要用的东西，如正赶上我没戏就跟上他出门逛逛。有时心里不高兴也和姚钥唠叨几句，经他劝劝，我也开朗不少。我们都童心未泯，有时高唱大笑，有时怂恿谢园讲笑话，逼着姚钥连舞带跳学南京人看足球。记得有一次天降大雪，我们几人在楼门外堆起雪人，姚钥还给胖雪人扣个铁桶做帽子，插个胡萝卜做个红鼻子。不知谁从哪儿找来两块黑石头给雪人当眼睛。最后把一条围巾裹在了雪人的胖脖子上，大伙迎着大片大片的雪花，笑着跳着那叫一个开心。看着漫天飞舞的雪花，姚钥说："春姐，天太冷了，我给你织个毛围脖吧。"我真没想到姚钥的手这么巧，他不光能化妆，做头饰，还会织毛线活儿。而我这辈子不算不能干，家务事儿也算拿得起放得下，单单不会毛线活儿。

　　姚钥说干就干，一日我去找他，他正坐在床边打毛活儿，他一边招呼我，一边任毛线在他两手之间飞快地穿梭，几乎不用低头看："你的整好了。"随着他下巴所指的方向，我看见桌上放着一套深咖啡带花点的围巾和帽子。牛！真漂亮，只是帽子中央的缝合处不太平整。我这人不能有一点儿不舒服，立马要求姚钥用剪子给我的帽子里边剪平喽。姚钥一听就急了，急了就喘，边喘边小结巴，眼睛一闭一闭的，可手上依然毛线飞舞："剪，这能剪吗？要剪你——你剪，这一剪线不脱落啦？你——你懂不懂。"听他又高八度的嚷嚷，我的声也高了，必须压过他，"是不是给我的帽子？给我就听我的，我说剪就剪，脱落了算我的！"我们正吵着，门开了，来人站在门口愣了一下，又退了两步，看看门上的号，说："没错呀，是男生宿舍呀，我怎么感觉有点错位。男的织毛活儿，女的在下令，这世界怎么反了呢？"他的一番话把我们全逗笑了。

俩人一致对外："你演，再演！不进来就出去！"让他走偏不走，来人也坐下来试帽子侃大山。

记得《荀慧生》播出的那一年，姚钥来北京参加活动，他专门买了一个好大的花篮坐地铁穿了半个北京城来家里看我。我怪他何必如此客气，姚钥从未那么认真地告诉我说："姐，我从心里感谢你，我把你化这么丑，你却毫无怨言，一切从人物出发，你让我挺感动的。"这是第一次，也是仅有的一次，化妆师为妆登门致谢，我被他感动了。其实通过《荀慧生》这部电视剧，我们都受益匪浅，我喜欢上了京剧，而姚钥迷上了戏曲妆。这些年来他更加熟练地掌握了四大名旦的造型技巧，不光在影视方面，就连京剧、越剧、黄梅戏以及央视的各种大型戏曲晚会也时常请他化妆。真是艺不压身，从《荀慧生》起步，几年的磨练，姚钥不光成为江南一带集影视、戏曲化妆于一身的资深化妆师，还收集了众多流派的头面和服装。有梅派的《贵妃醉酒》《廉锦枫》《断桥》，荀派的《红娘》《荀灌娘》《勘玉钏》，程派的《锁麟囊》《荒山泪》，尚派的《昭君出塞》《失子惊疯》等等。从这些行头就可以感受到姚钥在拍戏之余几乎没干什么与戏无关的事情，他对化妆艺术的热爱，那种不惜金钱与精力、潜心钻研到痴迷的程度，令我坚信姚钥一定能成为化妆界大师级的人物。

三

自《荀慧生》之后，我们又合作过一次，依然是夏钢导演的戏，依然是冬天，依然断不了吵吵闹闹，依然蒸鱼、下面、熬粥，过得那叫一个热闹。干我们这行有的人一辈子不一定碰上一回,有的人碰上了,不再碰到,而我和姚钥遇到过两次,这就是缘分了。有缘人常会想起,有机会就会见面。几年前,我去上海参加《买房夫妻》的宣传,白天挺忙,晚上有点自由活动的时间,我试着给姚钥打了个电话。电话中我又听到姚钥那口东北普通话。他让我等着,他来接我。一个多小时后,姚钥来电,他已快到我住的新锦江了。我按他的指示走出宾馆,还没到他所说的位置,就听马路对面一声再熟悉不过的高喊:"春姐,在这呐!你别动,我过马路接你。"我顺着声儿看过去,只见姚钥张开双臂向我跑来。真没想到,姚钥开着一辆子弹头来接我,车上坐满了人,除了他女朋友其他都是亲戚。我们先去吃饭,再去外滩。从始至终,我俩不停地聊啊聊。不觉中我们把众人留在了身后。在这人流如梭之地,姚钥用胳膊夹着我的脖子,我们比划着,忘乎所以地高侃,在这灯火阑珊、充满浪漫气氛的外滩,我们聊起以往的岁月,聊起拍戏时的苦与乐,聊起今后的生活与发展。真是"有朋自远方来不亦乐乎"!

  姚钥的故事还有很多,一想到他,我发现自己的脸上总会不自觉地微笑。我放下手中已放凉的茶水,看着窗外,雨不下了,阳光透过被雨水洗涤过的银杏树上的高高的绿叶柔和地洒满院落。我不知今后是否还会与姚钥合作,也不知姚钥那里的雨是否也停了。

谈冷说热

干我们这行与常人不同,我们的一年四季,不是老天爷说了算,而是根据剧情的需要来定。有时,一个场景不动,根据剧情的时间需要,夏天要拍冬天的戏,那再热也得穿棉袄;要是冬天拍夏天的戏,三九也得穿单衣。演员在一天中不停地换衣服和造型。一会儿冬装,一会儿夏衣,那叫一个受罪。可为什么这么受罪还想演戏呢?瘾大呗!所以有这么句老话:看戏的是傻子,演戏的是疯子。能坚持在这行里演一辈子戏的,有一个算一个,个个是戏痴。

一

热天拍过不少戏,想起来就受不了,可说来也怪,每次又都过来了。我第一次演女主角就赶上大热天,电影名为《贫穷的富翁》,在江西拍摄。写一位红军保管员(赵尔康饰)在白色恐怖下保住组织财产的事情。一次,在一个与猪圈连接的三平米农舍里拍戏,天很热很热，我们已工作了十几个小时，窄小的地方放了一张小小的单人床，几个大灯，也就刚能站下我与赵老师（饰演我丈夫）。导演汪宜婉说："你们拥抱，镜头一转就有小孩了，所以感觉要对，明白吗？别人全撤，就留摄像。"明是明白了，可你想想，天热屋小，一个仅有的小窗口，还被看热闹的人堵得死死的，再一打灯，嗬，热！猪味、人味掺杂在一起，气味实在难闻。一声"开机"，我与赵老师拥抱了，还没等"忘我"，就听导演喊："停停停，子春脸上是什么？""是我的胡子！"尔康老师回答。不管是演戏的还是看戏的，全笑了。因为尔康老师的胡子碴是粘的，天热出汗，我俩脸一贴，胡子都贴我脸上来了。大家边笑边修妆，当再次进入拍摄时，我大感不适，头晕恶心，只好被人架出。有人送水，有人扇风，一位江西厂的朋友，又是刮痧又是掐的，据说是发痧了（中暑），躺了个把小时人才缓上来继续拍。

电影《贫穷的富翁》剧照，1986年。

再说说2007年在广州拍根据张欣小说改编的电视剧《那些迷人的往事》。戏中有不少大家喜欢的朋友，童蕾呀，任泉呀，是个不错的戏。我在戏中饰司令员的妻子——邹星华。刚开拍时天还不太热，我的头发偏短一些，化妆师丛曼曼精心为我做了一个后头片，很是不错。可戴了没几天，广州可怕的暑气来了，每日闷雨，大雨过后一点儿不凉快。这和北方太不一样了，北方雨过天晴，这儿，雨后闷热还不说，到处湿滑，什么也不能洗，洗完后是馊的。我是个爱出汗的人，为了少出汗，拍戏时只好整天不喝水，怕妆糊掉，有时渴的说话声都变了，只好抿一抿，湿润一下喉咙。晚上收工也不敢多喝，怕早晨起来脸肿。就这样儿，只要服装一穿，头片一戴我这汗呀，就像断了线的珠子从头发根往外冒，顺着脸颊成串地往下掉。这可苦了我们的化妆组。在这里我谢谢他们。真的，他们好辛苦，化妆组是剧组起得最早、睡得最晚的人。天不亮就起床给演员一个个化妆，我们拍戏他们要紧盯着跟妆，晚上回来除了为第二天的拍摄做准备，还要洗头片、吹干、做型，工作到好晚才睡。我每次都能赶上好的主创，这是我的运气。大热天，有人帮你擦汗，有人给你递水，干这干那，再热的天，心里也凉快。好集体就像一个大家庭。在这个临时家庭中，人们忙碌着，互帮互助，叫着对方戏中的名字。有时一个戏下来不少人的真名都不知道，但有机会再次遇到会格外地亲。这是多美好的生活，因为人心总是热的。

二

天热时说冷很舒服，可要是让你冷天假扮热就不那么舒服了。下边就说几件提起就感到透心凉的事情吧。

我在河北插队时在县宣传队,是真正从土台上走出来的演员。在这种单位演员要拳打脚踢,也就是什么都会干,什么都能演。我们一群年轻人从早到晚坐着船在白洋淀周边的大小村庄巡回演出。常常每到一地,白天装台,晚上就对着大淀又唱又跳,生活也算惬意。农村初一、十五要赶集,过年过节更热闹。记得一年正月十五,正好雪打灯,来赶集的人特别多。天还没大亮我们就早早起来,伴着一轮冷月,站在院中的雪地上,生满冻疮的手哆哆嗦嗦,用最简单的化妆品在脸上仔细地涂抹起来。真冷啊!化不了一会儿,手指就弯弯的、红红的,伸不开。拿着火柴棍儿的手根本不听使唤,那时眉笔很贵,常用烧过的火柴棍儿,沾点儿口水画眉毛(这个动作后来在《荀慧生》剧中师父、师娘一出场时用过)。小火柴常把眉毛画成曲径或火车道,你能想象出一张厚油彩的大白脸,上边黑白分明地画着曲眉熊猫眼、猩红小口粉腮红是什么样吗?我们服装也不多,一般是一身到底。也就是说,赶一天集演一天戏,不换衣服。所以,每人一件军大衣,里边空心儿穿彩装,那时就这么叫。这种浓妆长辫、粉花上衣绿花裤外加一双黑带儿布鞋的打扮,让十七八岁的我美得不行,一演一整天都不知道累,任满天飘雪,北风似刀,耳朵冻得没了知觉,小身板儿照样挺挺的。

  天不大亮,四里八乡的人们已聚县城,人多的呀,满街是人头,看不见别的。我们开始分组画圈打场子。也就是几人或一人先在一圈人中开演,一个节目演完再互换到另一圈中,那会儿除八个样板戏也没什么别的演出,所以我们自编自演的小节目特受欢迎。农民看时穿着大棉袄二棉裤的,我们却早已脱下大衣一身单衣绸裤,有时唱着演着能冻得鼻涕过河,一回身自己觉着没人看到,就拧一下。其实圈是圆的,人人都能看到。嘿,看到也没人笑,天冷不拧一下,鼻涕能冻在鼻尖上。真的!

现在的农村戏，2011年正月十五拍摄于河北蔚县。

我们只要开演，从早唱到晚，吃饭上厕所的时间都没有，从这圈儿到那圈儿跑着场，有时冷得哆嗦也来不及披衣服。待到曲终人散，满街赶集看灯的人早已走在回家的路上了，我们却腹中空空，饿得直打晃，木然地望望在风中摇晃的红灯和被众人踏平踩脏的雪，这时才觉得人都要散架子了。咬口梆硬的冷馒头对看一眼，"哈哈！"全体都笑了，原来，一天不停地拧鼻子又没时间修妆，十几个小时，大白脸早已成了大花脸，鼻子周围一圈一点底色没有，褪成肤色了，还擦得又白又干净。美丽的宣传队员们不论男女全变孙悟空了！哈哈！人们互相指着笑着，笑出了眼泪。一天的疲劳一笑而光。

话说1986年，我去内蒙古在乌兰夫家乡拍电视剧《黄敬斋》。

我演女主角，饰乌兰夫之妻。那年真冷，零下三十多度，到处是半尺深的大雪，还常常看到美丽的冰挂。

一天，我们拍春天的戏，内容是敌人要抓乌兰夫，把我和小儿子包围在院子里，孩子趴在我腿上。任敌人如何拷打，逼问乌兰夫在哪儿，我和儿子都回答："不知道！"戏一遍遍拍着，因天太冷，机器穿上棉衣都不工作了，只好生火烤一烤再拍。机器能烤火我们却没有地方烤火，而且我只穿了一件单蒙袍，一会儿全身就冻木了，冷风一吹，脸上手上先似小刀割，后来也没感觉了。这时有个镜头，国民党兵用一根短粗的牛皮鞭假装抽我，可那位演员一不小心将鞭子抽到了我手上。我的手冻木了，并不觉得痛，就听那位演员大叫一声："哎哟！"丢掉手中的鞭子，我先还以为他出什么事了，就见他用那双冻僵的大手小心捧起我的手。我还没在意，低头一看，吓了一跳！你见过开花馒头吗？冻过的皮肤受伤就那样，手背上迅速肿成小开花馒头了。再抬头看那位演员，只见他眼圈也红了，嘴里一个劲儿地说："对不起！方老师，真对不起！我真笨！""没事，不疼，先拍戏。"我不在乎地说。"现在冻着不疼，晚上就知道啦。"人群中不知谁说了一句，当时我并没在意，晚上

电视剧《黄敬斋》拍摄现场。零下三十多度，到处是半尺深的大雪，拍戏间歇，不忘玩雪。

我可真知道疼了。

晚上大概九点多钟收工，十点钟左右手背连手臂全肿了。疼，真疼，一跳一跳地疼。组里的朋友们都来看我，关心明天是否能拍摄。最后来的是抽我的小兄弟，那么晚了也不知他跑到哪去买了不少水果和罐头（内蒙冬天商店早早就关门了）。一进屋就跪下来叫了一声："姐姐，我高攀了，你今后就是我姐姐。你打我吧，你不打我心里不好受！"边说边拿出那根牛皮鞭，双手举过头顶，一定要我打他一下。我被他这一跪一举吓了一跳，用一只手连抱带拉把他架起，又轻轻拭去他脸上悔恨的泪珠，不停地安慰着他。小伙子好久才走，我关上门，回身看到桌上堆满的食品深深被这位蒙族兄弟的真情感动了。他是那么善良，那么真诚，他的行为没有一丝丝假意。第二天，他第一个来敲我的门，帮助我坚持拍戏。在那里我和蒙族兄弟们过了新年又过了春节。戏拍完时，春天的脚步已经近了。对了，再告诉你们一句，在那我一直穿蒙袍，它又暖又舒服，宽大的带子扎在腰间，天气再冷，心口也是暖的。

说到冷不由得想起那年和我哥方子哥拍《珍珠翡翠白玉汤》的事情。大家都知道，影视基地是个无火无电的地方。那年11月底，我们在涿州拍古装戏。半夜，小风一吹，身上的纱衣绸裙就像没穿一样。这天的夜戏是戏中戏《酒葫芦》，我饰酒葫芦之妻，我哥饰酒葫芦。半夜拍的这场戏，是妻子已在床上睡下，酒葫芦在外喝得半醉回家来。本来我挺高兴，又不用说词，睡就是了。可没想到，这觉睡得一生不忘。开始，我只觉不舒服，枕头是麦壳，头上全是花与头饰，好不容易以优美的姿势躺下，一会儿时间就不行了，脖子僵硬，身下只有一层薄褥，有多薄呢？两片布。夜风一吹骨头缝里都冷！酸冷！想动动？不行，竹床它响啊，动不得。因为房子不大，戏就在床前演，镜头能带上我。戏左一遍右一遍没完没了地拍。每拍完一条都有人给演戏的演员披上军大衣，而我盖着两片布的被子，没人想到我会冷。拍的时间太长了，我冻得眼泪顺着紧闭的眼角不知不觉中直流。这可不是我哭，是泪水自己跑出来的。真的！也许，你会说11月底有那么冷吗？怎么没有，记得拍完戏是下夜四点了。有雾，雾中夹着小冰碴儿……

说到雪，又使我想起拍《荀慧生》时的情景。开拍时并不冷，树上的叶子还是绿的。记得有场戏是这样的：我不让慧生去学戏，让他牵驴送我去串亲戚。那时是初夏，我们在飞腾影视基地拍时没觉着有什么，我设计了一边出屋一边用手擦汗，擦过汗还有用手帕扇风的动作，以示天热。没想到出家门以后的骑驴戏，因找不到合适的场景，直到春节前夕才拍。人说，"风后暖，雪后寒"，一点儿不假。记得那天我们在大兴的一个垃圾场拍骑驴和坐马车的戏。虽说是垃圾场，但千万别以为有多脏。那里好似花园，种满了树，大草坪有坡有坎，小路弯弯曲曲，煞似田园，不少剧组都在那里拍过戏。我到那儿没两分钟就没了笑模样，天呀，冷！风还挺大，那风似小刀刮得手脸没处放。脸上冻得透过厚厚的粉底还能看见鼻子红红的，清鼻涕更不用说啦，不停地流呀。坐在马车上先是干冷，马儿一跑，风更大，人冻得嘴唇哆嗦，词都说不利索，头饰随着马车的晃动碰一下脸皮生疼。马是左一趟右一趟地跑，等拍完这场戏我两腿已不听使唤，下马车都费劲。

拍完马车该拍骑驴了，我的笑料也开始了。我知道在旷野里拍戏会冷。那天除了平日穿的衣服又多穿不少，加上棉胆棉裤共五件上衣六条裤子，还怕不暖，腿上又加了护膝。用一张寒痛乐贴在腰上，再贴两张在两只脚下，另外又穿上两双袜子才到片场。可穿得太多，别说上驴了，走路都不方便了。一头瘦驴早在一边等我骑，我有些怕，本要蹬个苹果箱上驴，没想到那辆带着苹果箱的车，不认路跟丢了，一直没到。驴高又没登的地方，光背驴我没抓头上不去呀。这时四五个小伙子上来托我。我人胖穿的又多，折腾半天还是上不去。好在驴老实，虽被我推得站都站不住，愣是坚持不动。好不容易我爬上驴背，腿却怎么也打不了弯。本来设计坐在驴上一手拿芭蕉扇，一手拿小镜子照一照，做出爱美得意的样子，可当时寒风刺骨，树枝秃秃，我在瘦驴上坐都坐不稳，什么芭蕉扇呀、小镜子的一切作罢，只要驴不踢我，我不掉下来就好（诸位你们想象得出我那狼狈样子吗？呵呵）。

我脸带假得意地拍了一条。"很好，很好，坚持住再来一条。"在夏导的鼓励声中我听到了强忍住的笑音，而通过他的小喇叭却传出了一车人（副导、场记等）的疯笑声。可找到笑的机会了，我看到他们坐的那辆车都被他们笑得直颤，我自己也笑了，笑得直流眼泪，笑得从驴上掉了下来。坐在地上我还笑，周围的人也都笑得直不起腰。最有意思的是化妆师姚钥，刚刚因自告奋勇给我来个"托举上驴"把腰扭了，这时边抱住自己的腰边笑。戏还要继续拍，我已不觉寒冷，宇健、李伟、小毕还有许多朋友一次次用各种姿势帮我上驴。唉，还没收工，我已被折腾得浑身是汗，浑身酸痛。寒风一吹，冰凉！再看那可怜的驴呦，也是小汗津津，它心里不知有多恨我呢。骑驴这场戏用了整整一个下午总算拍完，日落西山正要收工时，那辆带着苹果箱的车才从远处开来。在众人的笑骂声中又随大队一起开出垃圾场。（哈哈，我现在写着都想笑，你们不知道他们有多"坏"。《苟》剧在做《影视同期声》时，娄宇健居然告诉编导让我出个骑驴的节目。）

北京离天津很近。可气候不太一样。我们从北京往天津武清转场时，一上高速就开始下雪，好大好大的雪。一口气下了十天半个月。记得每天一到片场，场工们就开始扫雪，要把院里、房上、墙头上处处扫得干干净净,要不会穿帮啊。《荀》剧夜戏还特多。在又黑又冷的影视城里只有灯光是暖人的。一次拍近镜头,因空气太冷,呼出的哈气看得太清楚。我只好请人拿来冷水含一口,这样嘴里的温度和室内一样,哈气就没有了。一次帮我拿水的小杨为难地把矿泉水瓶递给我,我一看,这哪是水,成了个冰坨!没办法,吸口冰碴儿含一含吐掉,接着拍戏。

三

记得大前年吧,对,2012年,我在东北哈尔滨往北七十多公里的一个叫巴彦的小镇上拍田原鸿导演的电视剧《老爸靠谱》,那时也是春节前夕。东北的冬季那真叫一个冷,可到处还有卖冰棍

苦中作乐,零下二十多度,范明不忘吃冰棍。

的，像北京卖水果似的，各种冰棍摊在门口的纸箱中，想买什么口味自己挑。

因这个小县城从没来过剧组，人太多，我们就分住在巴彦镇上的几个小宾馆里。拍摄现场在三十多公里外的一个林场中。那真是林海雪原，除了厚厚的雪，就是高大的树，只有一个几户人家的小山村隐藏在白雪与森林之中。美，真美！冷，零下三十多度，真冷！还有雪与冰凌结成的路，真难行。条件虽然艰苦，但我们是快乐的。首先，我遇到了好制片人石燕。用现在的话说，她是一个热情、果断、处处为大伙着想的女汉子，会计出身的她脑子那叫一个清楚。导演是我的好朋友——漂亮能干的极品女人田原鸿。有两名女将的率领，又有范明、林永健、徐秀林老师的加盟，我们的戏拍得有声有色。在拍摄中我有一疼、一怕、一紧张。

一疼，心疼。我前边说了，我们是在山中的林场拍摄，在这里我们盖了一间房作为拍摄地，平时演员就挤在旁边老乡的房里休息。大冬天人们穿得又多，这一间屋子半间炕的房屋站不了几个人就转不开身了。为了保证顺利拍摄，除演员外，其他人一律不进屋，包括导演组也是在院里架帐篷、点"小太阳"取暖。每到开饭的时候，演员的饭盒上有名字，由场工送到手边，而其他人就蹲在雪地里，把饭放在雪上。饭菜从桶里盛时还有热气，吃第一口就已经凉了，三口下去见冰碴了。每每看到我就心疼，好像冰扎心。

一怕，怕上厕所。东北农村的厕所就是在自家的院里挖个硕大的坑，坑上架两根小树枝，上边盖半个土棚子，地方不大四面透风，只能站一个人。我不敢喝水，怕上厕所，可越怕去越要去。那次我先生陪我去拍戏，每次上厕所他得陪着我。我先在棚子外边把里三层外三层的裤子解好，一只手拉着先生，一只手提着裤子，人慢慢退着往那个架在大粪坑上、裹满冰的树枝上站，生怕一不小心

2011年12月,哈尔滨市巴彦县,电视剧《老爸靠谱》拍摄现场。冰天雪地中,饭盒中的饭菜渐渐凉了,呼出的哈气暖不了送进嘴中的食物。

掉坑里或蹭脏衣裤,厕所上得很艰难。

一紧张,行车紧张。在冰雪路上开车真是东北司机的功夫。这里的雪路不是一天形成的。它是下雪化了,又下雪,结成冰又下雪,一层一层而成的。司机最怕雪下有冰溜子,碰上冰溜子一不小心就翻车。我们每日从巴彦到林场早出晚归冰不化,加上天黑,真是提心吊胆,对司机真是一项考验。

在这种艰苦的环境中,没有人抱怨,没有人说泄气话,制片部门想各种方法为大家取暖,制片人石燕为导演定制了棉帐篷,买了好几组"小太阳"。为了让演员暖和些,在刚盖不久的拍摄现场生起了炭盆。一开始把炭盆放在演员的脚边,可没想到把我们一个个熏得眼泪直流,于是又去买最好的木炭。导演田原鸿是个细心人,女人当导演除了要和男导演一样头脑清楚有魄力,还多了几分细致与温柔。她总是尽量把日程安排得更紧凑更合理,不用你说,她先想到。在石燕、田原鸿两名女将的带领下，我们顺利杀青，回家过年。

现在想起这些竟不觉苦，心里反而生起一片愉悦，我不觉嘴角向上微笑起来。好像又听见上下车时每一个见到你的人都会大声说："方老师，小心点儿，别滑倒。"好像又回到李芸温暖的化妆室，吃着东北的毛磕，大声说笑；好像又听到田原鸿甜甜地叫着"春姐姐"；好像又和石燕冒着如小刀割脸的冷风，穿过结满冰的马路为自家的小菜园买菜籽；还有好多好多"好像"。拍戏中的趣事一件接一件，打开记忆的闸门说也说不完。

四

年关将至，这无雪的冬天，却温暖如春。我坐在洒满阳光的厅里，回想起往年春节前的时光。记得去年冬天我正在上海淞江拍《保卫孙子》。在紧张的拍摄中又多了一些急切，忙了一年的人们急着杀青，回家过个团圆年。剧组就像个大家庭，有表导演、服化道，有制片部门，也有外联、制景。当然还有不常见的制作人、制片人，也有天天忙个不停、又脏又累的场工弟兄们。大家来自四面八方，有大陆的，也有来自港台的，还有国外的同胞。每个人不约而同地加快了速度，为的是赶在春节前回家过年。

演员是组里最松心的行当，我们只要演好戏，生活上的事不用我们自己操心，而工作人员日子就没这么好过了。他们的私事关心的人不多，有时干着干着，偶然发现似乎某个部门少了个叫不上名字的场工，一打听，家里有事走好几天了，有时他们会为下个戏的档期发愁，怕这里没完那里又错过，耽误了挣钱。年根到了又为车票发愁，工作的空隙四处托人买票，期盼在外漂了一年之后早日和家人团圆。年前，出来几十天的我也准备杀青回家了。打算抽时间进城买些母亲喜欢吃的年货，再请年过九旬查出癌症的干爹吃顿饭。来上海这段时间一直忙于拍戏，也没去看过二老。当我向制片老黑请假时，他先查日程，又打电话多方确认第二天没我戏，再为我这个路盲专门找了辆由上海司机开的车。次日一大早，老黑对司机叮嘱了又叮嘱之后，看着我向上海市区进发，才回身走进宾馆。

我先去买了要带回京的大包小包，中午前接上干爹一家来到他们喜欢的餐厅，才落座，主任和老黑的电话就打了过来，导演计划有变，火速召回。我二话不说，放下碗筷告别大家回组拍戏，可万万没想到，这是我与干爹的最后一面。半年后老人去世。

事后得知，老黑怕我不安全，也怕杀青前组里有变数，这次是他自己掏腰包为我包了一辆组外熟人的车。如果没有他的帮助，我无法从淮海路赶回剧组，也见不到干爹的最后一面。虽然化好妆坐在车上跟着大队在街上转到太阳快落山才拍了个镜头，我也别无二话，因为在我心里工作永远是第一位的。但听到老黑自掏腰包为我租车的事，我落泪了。并不是我爱激动，要知道工作人员在组里挣得不多，家在农村的老黑负担比较重，平时生活俭朴的他能不声不响地这样做，着实让我感动。

老黑是细心的人，却对自己的事拖了又拖。他是现场制片，现场大事小情人们都找老黑。派车接送演员啦，开工、吃饭啦，换场地啦，所有杂事都是他的。可吃饭时见不到制片部门的人挤在那盛饭，他们总是最后一个走到饭桶前，全组人都吃上了，才轮到他们。有时天气冷，饭打开盖子就凉了，他们也得吃。好菜、个人爱吃的菜没了，也要糊弄一口。今天饭送少了，没得吃了，那就饿一顿。时间长了，本来就又黑又瘦的老黑得了胃病。在拍摄现场，我常常看到老黑一边工作，一边悄悄用手按住胃部，有时还直冒冷汗。我问明情况赶忙拿些苏打饼干给他，又让我的助理替走不开的他去买些药。老黑接过饼干，坚决不让助理去买药，说组里买了，可吃了也不管用。也许因平时演员与工作人员交流较少吧，我并不知老黑的真名实姓。但从那以后，一来二去的我们却成了朋友，在现场等戏时常常聊些家常。我惊奇地发现，别看平时剧组的各个部门私下接触不多，什么人什么样儿大家门清。用老黑的话说："谁也别装，你对我好，我对你更好。你看不起人，人看不起你。"我觉得这话一点儿没错。

一日，我看到老黑愁眉不展，以为他又胃疼，他摇摇头道出苦衷。年关将至，车票难求，组里票订晚了，他和妻子又要回安徽，这条线的票更难买，可每日他又离不开现场，看着人们逐渐拿到票，心里着急啊！我一听也替他着急，可又没什么办法。只能拍完戏赶快回住宿的宾馆，为老黑四处打电话，就在准备买高价票时，老黑来电话，他托人买到票了。我心里一块石头才落了地。

人和人都是个缘分，也许这辈子我再也不会和老黑碰到一个剧组。但想到这个人就让我觉得亲切。这是一件多好的事情。

结　语

这就是生活，演员的生活。拍戏真好，虽然我坐在温暖的厅堂里，可满脑子是戏中的苦与乐。高兴是一天，不高兴也是一天。我们苦中寻乐，享受着常人体会不到的春夏秋冬。这就是我们的生活与工作，这就是属于剧组的幸福！

又进录音棚

进录音棚为别人配音，这是多年不做的事情了。前些年我虽还在做译制导演或后期组班人的工作，但自己几乎已经不再配音。我曾对《卧薪尝胆》的导演侯咏说过，对我来说，为他组班，是我担任后期的最后一部片子，今后我连组班人都不做了。太累，不想干了。

没想到前几天接到老友廖菁的电话，让我去为俄罗斯大片《猎狼犬》中的女酋长配音，听到廖菁用久违的甜美嗓音说着动听的话语，听到她先生张伟（中央台的译制导演）在电话一旁小声敲着边鼓，极力地邀我去参加这个工作，我的心很快就动了，欣然同意。连我自己都没想到我竟然那么高兴。是他们的话太有煽动性，还是我二十几年的录音生涯情未了？从挂上电话那一刻，我心里就开始涌动，脑子里就开始翻腾，嘴角开始向上翘，面带微笑，往事一幕幕出现在眼前。

一

　　北京最初的配音生产模式是仿照长春电影制片厂从苏联学来的生产流程，录一个片子很慢，从看片子、读剧本、分角色到排练、对口型再开始录音，认真完成着每一个环节。最后还要写总结，谈艺术收获，然后配音组才解散，周期在一个月左右。这是计划经济下的生产方式，虽然时间较长，看似效率不高，但态度是严肃认真的。那时配音慢有诸多原因。过去的电影要用磁带录音，一部电影的长度一般有十二大本左右。剪辑师先把胶片和相应的磁带剪成一盘一盘小卷，放映师把无声的胶片装在放映机上，录音师把量好长度的磁带装在录音机上，行内称为"挂卷儿"。然后放映和录音同步开机，循环转动。当时的胶片和磁带非常贵，如果演员总对不上口型，胶片和磁带就要不停地一遍遍循环转动，次数多了就会发毛，影响质量。这就要求配音演员的口型感觉要非常准确，演员熟悉剧本要到背词的程度。录音棚外墙上贴着进度表，主要演员、群杂、街道声、叫卖声……标注得清清楚楚，一目了然，配完一场划掉一格。录音棚的休息间还备有录像机和录像带，一旦开始正式录音，回放的录像机旁永远有人，那是演员抓紧进棚空隙在那里对口型，准备着自己的戏。

　　提起百代公司很多人第一时间会想到上世纪40年代上海一家著名的唱片公司，而在配音圈里我们常把底包自称"百代公司"，意思就是什么角色全能招呼，只要导演需要，见人就配。有人说了，男的你能配吗？小男孩没问题，大男人我还真不行，声线不够啊。有时会在棚里听到这样的对话："您今儿配谁啊？""今儿是百代公司。"意思就是除主角外让配啥配啥的"底包"活。别小看底

上世纪80年代，方子春在西单北京市文化局的老楼顶上的录音棚。这里没有门，必须从一扇窗户跨进去。

包,这可不是谁都胜任得了的,几乎每部作品(包括同期声)都需要有这样的人在后期制作时为不合格的声音补录。现在录音已经数字化了。每位演员分一轨,各顾各的,就是同场戏的演员也不一定碰面。一个点儿、一个字儿、半个字儿都能给你切开,最后合成,技术弥补了很多东西。现在录音技术的进步,完全改变了以往的生产模式。录音要讲时间,求效率。年轻人一入行就赶上了高科技时代,拿上剧本儿,马上进棚,最好一遍就过。谁慢,下回不叫他了。这符合时代特点,有其合理性,但是艺术性不可避免受到了损失,同时也失却了那种大家庭的感觉。

上世纪80年代初,我常在煤矿文工团与张筠英老师学习配音。那时的日子是快乐的。每天大家从城市的各个地方坐公交车或骑车赶来,谁也不许迟到,迟到罚十元人民币。廖菁那条长辫子,又黑又粗,把她的脸衬得很白,她总是小心地推开休息室的门先往里看一看,再微笑着脚下无声地走到沙发前,放下大书包小声问:"我没迟到吧?配到哪了?"郑建初有着洪亮的嗓门,她的短发常因赶路被汗水打湿,总是人没到声先到:"我迟到不用你们罚我,自己罚自己。哎,西瓜,谁切?我不管了,累死了,没办法,一下课我就往这儿赶,还是迟到……"随着不打点儿(录音术语)的一溜儿话语,郑建初那红扑扑的脸与大西瓜一起进了门。孙悦斌那时还是个大男孩,爱写歌。用他的话说:"快,笔!灵感!我的灵感来了!"他灵感一来就四处抓笔,边哼唱边写,作曲家的范儿大了。写完潇洒地把笔往后一抛,走你,开唱!你问他要笔,他会说:"俗不俗,还要笔,这歌写得多棒啊。啦啦啦……"他我行我素地唱上了。所以孙悦斌借笔、丢笔是家常便饭,总是满屋找笔,一听他找笔,在场的人们个个紧抓自己的笔(配音演员笔和字典缺一不可)。我的动作慢一点儿,笔就被悦斌抽走了。我只好找张老师告状去。告状的次数多了，张妈（爱称）就烦了，说："你怎么又给他？他抢就给，他怎么不抢别人的？"说着，在每个麦克风前边的栏杆上都用线绳系了一支笔。然后抓住孙悦斌的胳膊，把这个永远晃晃悠悠脚下没根的人揪到棚里，敲着栏杆说："看着，这！今后谁再给孙悦斌笔自己负责啊。孙悦斌！今后这笔就是你的，不许再丢了。"

干我们这行有个特殊性，如果参加同一部片子的配音，有时天天见面。赶上几十集甚至上百集的连续剧，干起活儿来没白天没黑夜的，一天工作十几个小时，大伙儿在一起要干上十几天、几十天甚至更长。可要是多日没碰到一个戏上，那就好长时间见不到一面。所以每当一部新片开始录音，第一天是最热闹的：久违的朋友见面寒暄，沏茶倒水，互相谦让，找着自己要配的人物，导演高声地阐述着，每个人都"唰，唰"地划词……配音演员的休息室好似一个小社会，更像一个大家庭。配音是耗时间的，大家从早到晚面对面，没有阳光，没有新鲜空气，再不说说笑笑真没法儿活了。所以配音演员除了有副好嗓子，大都聪明、机敏、幽默。而我缺的就是这些，反应总比别人慢，比如有一次盖文革说了个笑话，最后一句："……二十五点半钟。"大家都笑了，我呆呆地看着，不知笑什么。第二天才想明白包袱在二十五点上（时间只有二十四点），自己坐那突然傻笑个不停，眼泪都笑出来了。大伙也笑个不停，他们不是笑那个笑话，而是笑我，笑我的慢半拍。

我最忘不掉的还是第一次配主角。有个日本连续剧《捕吏小兰之介》，每集一个故事。前一天张筠英老师通知我："明天这个女主角你试试。"我太高兴了，又是读词又是对口型。第二天，与瞿弦和老师开始录对手戏。得，全完！浑身紧张，两手出汗，一张口声音都变了。张老师的声音从导演间传来:"方子春啊,你喉头位置不对。""喉头?喉头在哪?"我脱口而出。哗——棚里棚外一片笑声。瞿老师边笑边说:"怎么了?紧张什么?咱俩不是挺熟的嘛。来,再来一遍,没关系。"张老师笑得喘不上气:"哈哈,喉头在哪你都不知道了?用手摸摸。哈哈,别紧张,多录就好了……"我就是这样开始了配音生涯。

几年前,北影的朱玉荣老师邀我参加美国大片《泰坦尼克号》的配音工作,我主要是给剧中一个重要人物——莫丽配音。饰演莫丽的演员凯西·贝茨1990年因在《危情十日》中的出色表演获得第63届奥斯卡金像奖。我看过她许多戏,是位很有名的实力派演员,我为她配过《油炸绿蕃茄》,对她的声音及表演风格并不陌生。在这部影片中她的台词不多,但很有分量,这位帮助男主角的好心人,是个关键人物。作为此剧的译制导演,朱玉荣老师的要求是严格的。她同我一起站在大荧幕前,帮我反复地对着口型,找着感觉甚至呼吸……一句台词甚至一个字一个字地斟酌,有时口型对了声音不够完美,有时声音完美了感觉又不好……就这样一小段台词要录上许多遍。这个戏整整录了一个星期,在大家的共同努力下该剧荣获当年金鸡奖的译制片奖。后来北影厂副厂长曹彪先生代表北影厂请大家吃了顿饭,每个人捧着那只金鸡照了张相。

我感谢朱老师!是她手把手地教我如何把握人物,如何组班,如何做个认真严谨的人。现在,我早已告诉别人如何配音,如何从声音上去塑造人物了,可我永远不会忘记,如果没有我的好老师——张筠英、张桂兰、朱玉荣……哪有我的今天。

弹指一挥间,已经二十九年了!我们这一代配音演员不容易,在用厕所改的录音棚里录过音,在房顶上加盖的简易房中录过音。

多少个春夏秋冬，冒着雨雪顶着日头，迎着热浪搏着狂风。暑去寒来，录音时不能通风，夏天棚里热得缺氧，透不过气来，冬天手脚都冻，鼻涕直流。有多少喜怒哀乐在录音棚发生，多少汗水泪水洒在话筒前边……

二

这几年我很少进棚，近来应廖菁邀请两次参加录制都是为了老友相见，愉悦之情溢于言表。记得那天因为担心迟到，我起了个大早。当我走进八一电影制片厂的工作区，人直犯糊涂。破旧的录音车间早已不在，装修后的庭院与大楼焕然一新，要不是碰到熟人，我这配音圈的老人儿还真找不到门了。因现在是分轨录音，除了配女主角的杨晨（新闻联播女主持），就是录音师和廖菁、张伟了。老朋友见面自然高兴！我一边忙着划台词看样带，一边插空聊着近几年的情况，张伟一边说人物提要求，一边回答这个又问那个，好不亲切。

站在话筒前，看着电视屏幕，摸摸桌子，翻翻手中的剧本，正正话筒。好熟悉！好像从未离开过。一开口，呸，有点找不着调。再来，行了！此角色是个巨胖的俄罗斯女酋长，高傲而野蛮。她的声音可想而知，我用了最低最厚最横的音色来配她。廖菁的声音不断从导演室传来："这遍不错，春儿，咱再把前边补一下。""这次我觉得力度还不太够，再来。"也许是我好久不进棚了，也许是声带猛的被气冲得太厉害了。当我们想再把第一句做个备份时，嗓子全哑，不听使唤了。我开玩笑说："我被女酋长打倒了。"廖菁带着调说："老不配音了吧。"是啊，好久没这么用声带了,这次可真把声带挂话筒上了(嗓子疲劳时我们常这么比喻)。一日不练自己知道,两日不练同台知道,三日不练观众知道。这话一点不假!就这样,一辈子没哑过嗓子的我,左着声儿依旧兴奋着,就让那血淋淋的声带挂话筒上吧!哦!四十分钟,我感觉又回到了过去,在棚里这四十分钟引出了我多少回忆!

晚上,我嘴角向上翘,面带微笑,看着手机。上边有廖菁和张伟发来的短信:"子春:性格爽朗,塑造角色有激情,很生动。你没有被女酋长打倒,除去声线没她粗糙之外,'戏'是一点没丢,很有意思。望以后还能来为影片增添光彩。张伟。"廖菁的信息更亲切:"哈哈哈!子春真可以!胖酋长效果不错,大家都乐了!老朋友见面感觉就是不一样!对了,别忘把泡菜写进博客里,味道绝了!"说起泡菜,现在生活好了,棚里的伙

又进录音棚,左起廖菁、方子春、张伟、杨晨,2007年。

食也提高了，过去总是嫌菜里的肉少，现在总希望多些蔬菜。可不管日子怎么变，我依然是几十年的老习惯，喜欢给录音的朋友带些亲手做的小菜，带去些情趣，带去些欢笑，带去些家的温暖和味道。

结　语

录音棚！一个我曾比在家里呆得时间都长的地方，一个让我比一般演员多塑造许多人物的地方，一个在我艺术生涯中占有很大比重的地方！那里留下了我无数的语音和足迹，我会常回去看看，这个既陌生又熟悉的地方。

用头脑经营人生的胡其鸣

胡其鸣，英文名 Jimmy，旅美二十余载，在国门大开之际率先投资国内文化影视业。他从 1993 年开始先后制作了电影《无人喝彩》《牵牛花》和《好奇害死猫》。如今胡其鸣是卢米埃影业的董事长兼 CEO。有着工程师思维的胡其鸣与妻子邵征共同打造着中国顶尖的电影城，我称他们为"盖电影院的"。

胡其鸣与妻子邵征。

我和胡其鸣是发小，他比我小几岁，我喊他小鸣。我们共同生活在北京人艺 56 号宿舍（现史家胡同 20 号）。在 20 世纪 30 年代的四川江安，他母亲吕恩阿姨和我爸方琯德是国立剧专的同学。吕恩阿姨也是在曹禺的名剧《雷雨》中第一个饰演繁漪的演员。父亲胡业祥原是国民党二十六军的飞行员，1949 年开国大典上，他与其他九位飞行员带弹超低空飞过天安门，大长国人志气。

一

上世纪 70 年代末，胡其鸣完成了清华大学水利系的学习，留学美国。2008 年开始他在全国建立影城，经过二十五年的时间，在全国建立了十几家影城，一百多块 3D 大屏幕（2014 年底将有二十余家影城，二百多块银幕），进口了世界顶级的放映设备和最符合人体舒适度的座椅。他是如何从一个软件工程师起步走向电影，并在今天建起电影院的呢？他有过怎样的心路历程，在这些年中经历过哪些痛苦的、好玩的事情，让我充满好奇。

胡其鸣是个绝顶聪明的人，他天生乐观，对一切事物充满了好奇，从来没把学习当难事。他认为学习是一件很有意思的事儿、好玩的事儿，当一个人去干一件好玩的事儿，自然就不觉得困难和辛苦，而是充满了兴奋。到了美国，他的宿舍里有几个神人：国内来的访问学者、研究数学的、研究统计的，大家有空时经常一起吃饭，聊得天花乱坠。

一年夏天，胡其鸣利用美国允许留学生短期工作的机会，去了一家石油公司的太阳能研究所做实验员，主要干些打杂的事儿。有一天他突然发现，要做一块电池板会用到上百种化学材料。每一种

清华大学乒乓球队,三排左一为胡其鸣。

材料经过不同的搭配,会出现无数种组合。到底用哪几种材料,用多少分量可以让最后的太阳能电池板发电效率最高?除了每次花半天、一天时间制成一块电池板去测试它的电能转换效率,有没有捷径可走呢?胡其鸣动起了脑筋。他想起原宿舍中有一位做优化处理的学者,此时已去了伯克利大学,他研究过"不完全平衡的区组设计",就马上打电话去问:有没有可能事先把可能影响目标效果的元素设计出不同的配比,通过少量的试验来摸索影响效果的关键元素?电话中的答复让胡其鸣觉得有希望解决优化的难题,就专门去了旧金山跟他探讨和学习。在这个过程中甚至发现了学者论文中的错误。后来这位学者告诉胡其鸣,他这篇论文发表十年了,没人发现其中的错误。正因胡其鸣有这种认真不惜力的劲头,他拿到了太阳能电池板的专利,获得了他在北美的第一桶金。

胡其鸣是个适应能力极强的人。早在清华上学时,他担任学生会副主席，看到有些外地同学放假留在学校，生活很枯燥，就想建一个学生俱乐部。可学校没有经费，胡其鸣发现各系都有一间屋子，存放"文革"期间比较敏感、不能发放的杂志和书籍。于是他征求了学校的意见，把这些全卖了，共卖了五千多元，要知道当时人们工资才几十元，五千元可是个大数目。用这笔款他换了学校的篮球架，买了棋牌，建起了俱乐部。

胡其鸣是个热爱生活、兴趣广泛、朋友众多的人，同时他又是个不安分的人。他虽是个搞理工的，可因生长在演艺界，周围充满艺术氛围，身上既有父辈的冒险精神又有母亲的浪漫基因，正是这两样让他走向了电影。

二

北京人艺宿舍大院有个特点，人多房少。小孩儿渐渐长大了，房不够住剧院就拿出三间房分别作为男孩儿、女孩儿和保姆宿舍。谁家房子不够用都可以住那儿。我哥、我姐、夏钢、小鸣等等，几乎院里所有的半大孩子都住过男孩儿宿舍或女孩儿宿舍。这样一来，人艺大院无形中成了个大家庭，孩子们之间特别亲。

我们发小中有不少长大后子承父业的，夏钢就是其中一位。1993年，从美国飞回来的胡其鸣时常到北影找夏钢，一块儿聊天的还有夏钢的同学陈凯歌。话题当然离不开电影，他听说自1989年以后有段时间国内经济非常不好，政府财政捉襟见肘，好多电影厂都倒闭了，一般的文艺片大都不做，只投拍少量主旋律的片子。于是小鸣问，一部片子的成本是多少？当听到要一百多万人民币时，他那不安分的土豪劲儿上来了，我投！一不留神，胡其鸣成了

胡其鸣全家福。

改革开放之后有记录可查的第一位独立制片人。他投资拍摄的第一部电影是王朔编剧、夏钢导演的《无人喝彩》,之后他又投拍过两部戏。本来他认为,虽然那时中国的电影票才几块钱一张,但中国有十亿人,这么多人,一百多万人民币怎么也能收回来吧?可这回小鸣算错了,这一百多万人民币还就真赚不回来!那个时期是计划经济,电影厂没有和市场对接,国家拿钱给电影厂拍电影,拍完了片子电影厂没有发行权,只有中影公司能发行电影,往往是一年以后中影才会给电影厂钱,所以卖出多少拷贝、如何跑片、排场次都与电影厂无关。也就是说投完钱、拍完片后如何挣钱、怎么回本自己根本做不了主。赔不赔钱先放一边,这不符合胡其鸣的性格呀。《无人喝彩》拍完后他压了一年没有卖片。

　　胡其鸣依然用自己的方法行动了。他先调研,等找到有利的方式再卖不迟。他找美国电影公司的熟人,了解了美国发片子的运作方式。再找中国方面的有关人士,把想法告诉他们。小鸣觉得中国在发行这方面就不要自己发明车轮子了,美国有一百多年的电影史，发行影片什么方式都用过了，票房分账是制片与发行最好的合作方式。但是国内的发行公司不赞成，他们说计划经济体系很成熟，为什么要打破它呢？当时广电部管电影的副部长叫田聪明，他人很好，1994年访问过美国，接触过西方先进的运作方式，小鸣就找这人谈。田部长认为目前电影市场下滑是因为电视和VCD等的冲击。胡其鸣这个清华水利系的理工生想起了数学里的反证法。假设你的论点是对的，但是找到一个反例，这个论点就不成立了。1994年田部长曾访问美国，当时美国有众多的电视台，有数不清的租录像带以及各种五花八门的与电影院抢观众的产业。但他没想到的是，礼拜五的电影院依然爆满。为什么美国电影院人这么多呢？胡其鸣告诉他，这就是电影市场化的结果。他认为当时的中国电影业好比一位重症病人。重症病人要治重点，全身都治就把病人治死了。中国正处在计划经济向市场经济转型的过程中，在这个过程中要把市场机制建立起来。什么是市场机制？就是拍电影的人能分到影片上市后赚到的钱。这就是票房分账制。田聪明副部长最终同意并支持了胡其鸣。

1995年，经过胡其鸣与国内各方人士的不断努力，最终从上海开始突破，先后在十五个城市实行了第一批分账制。北影厂拍了四部电影，两部大片，两部小片。大片一部是陈凯歌导演的《霸王别姬》，另一部是吴思远导演的《狮王争霸》；小片一部是夏钢导演的《无人喝彩》，另一部刘国权导演的《虎兄豹弟》。大片分得百分之三十，小片分得百分之十五。

《无人喝彩》如按计划经济能卖一百个拷贝就算好的，只能收回一百零五万，而拍片子出工出力实际上花掉一百五十万；实行分账制后，北影厂单《无人喝彩》这一部片子就收回近五百万。当时票价是很便宜的，而且才十五个城市初试分账制。这就用事实证明，市场机制适合中国市场，也激发了大家投资拍电影的热情。那段时间有很多人呼吁中国电影走向市场经济，而胡其鸣不光明确提出方案，也是票房分账制具体改革的参与者。

胡其鸣不会去想这辈子到底要做什么，在美国上大学时他除了学习一些必修课外，还选学了绘画、电影制作等艺术领域的课程，接触的范围非常广。在学习过程中他会有对某个方面特别感兴趣的时候，一头钻进去的他发现这方面的知识越来越不够，那他就会像海绵吸水一样地学习，去充实自己，他认为这是最好的方式。至于是不是要拿硕士、博士，真的不重要，什么时候需要再考也不迟。像微软的比尔·盖茨，苹果的乔布斯，还有许多做出成绩的人连大学都没有读完就出来创业了，他们的人生无疑是成功的。

当遇到问题的时候，胡其鸣并不是第一个发言的人，但是我多年以来听到他最爱说的一个词是："我来！"我似乎没见过胡其鸣皱眉头，不管什么领域的事，他都敢说"我来"。有时我真觉得他是不是在吹牛，可当和他交谈之后，虽然有时与我的思路完全不同，甚至有点邪性，却每每让我意想不到，但又不得不服他。他实在是见多识广记性好，朋友众多有人脉，脑瓜聪明还不惜力，这让不怕困难的他一次次转危为安，赢得成功。

胡其鸣拍电影有赚钱也有赔钱的时候，失败他不怕，一定要找到失败的原因以利再战。胡其鸣发现，中国在制片方面比较薄弱。制片在美国是一个严格管理的过程，美国电影为什么叫 film industry，因为它有很多工业化管理程序，靠严格的制度来生产电影。胡其鸣花了很多时间去做市场调查，发现问题之后再做制度建设。经过几年的准备，2005年当他再次投拍《好奇害死猫》时，与他一同进退、一同学习的妻子邵征亲自出任制片人。他们自己从制片计划书、预算开始做，每一个过程随时监督，用先进软件科学管理，这回名利双收。《好奇害死猫》不光赚到了钱，还荣获"2010年首届北京电影春燕奖·最佳合拍故事片"奖。

三

投资拍了几部电影后，胡其鸣与邵征又发现了新的问题。那就是国内还在用礼堂式的电影院放电影。当时美国已有多银幕的电影院了，甚至有二十个厅、三十个厅的电影城。胡其鸣很想把这个引入中国，这就得找投资。

美国派拉蒙电影公司通过电影知道了他，并邀他先去那里工作。他去了没几个月就被派到欧洲盖电影院。派拉蒙那时候跟环球电影有一个合资公司，叫UCI。在UCI工作令胡其鸣受益很大，学习了影院的建造和管理，也接触了不少做制片的人。学得比较深比较透彻，他比国内同行接触这方面的知识要早十年。"是做上游还是做下游"，在又一次面临事业抉择时，他果断选择了做下游：放弃拍电影，一心盖电影院。

美国电影市场管理有严格的法律，规定做电影的就不能盖电影院，以免产生恶意竞争和利益冲突。如果一个文化公司又当制片，又搞发行，又做电影院，最后的情况就是你的电影我不放，我的电影你不给好档期，在国内就有这种事情发生。胡其鸣把先进技术和现代化管理引进来，再加上他们自己的理念，如中心控制，在购物中心里开发互动平台，购物娱乐做互动，使购物与看电影、就餐成为一条龙的消费习惯。

胡其鸣夫妇给自己的电影院起了个名字叫卢米埃影城。"卢米埃"在法语里是发光的意思，而大家都知道卢米埃是电影放映机的创始人，他们以此为电影院命名是向电影发明人致敬。

　　我去过胡其鸣夫妇在杭州和北京芳草地建的卢米埃影城，那里果真人头涌动。吃着香甜的爆米花和冰激凌，坐在看不到前排人头的、很是舒服的座椅上，享受着电影带来的视觉与音响的盛宴，舒服而享受。

　　一天，我们一家与小鸣两口子小聚。喜欢活动的邵征带着我女儿及我先生去看画展，我和小鸣俩胖子照例找个舒服的地方坐下来吃东西。人艺大院出来的孩子，个个是吃货，边吃边聊，小鸣又开始"包场"："春儿，你知道吗，我们去年只有七十五块银幕，中国总共有一万八千块银幕，我们的银幕数只占了千分之四，但我们的票房却占了百分之一。这说明我们的管理效率是非常高的。因此我和邵征都坚信要建立一个系统，每个岗位干什么都要描述得很清楚，这样谁不能来了，工作照样进行，包括我和邵征去度假也没有关系。"听小鸣飞快地说着，他的话飘飘忽忽地进了大脑，盘子里的美味在不知不觉中也滑进胃中。小鸣说机会是因人而异的。比如互联网来了，这是个机会，但你不懂这行，对你就不是机会。还有一句话叫"机会是给有准备的人的"，一点儿没错。如果小鸣不在每件事开始前做市场调研，不做足各个方面的功课，不是抓住机遇的同时付出比常人更多的努力，他是无法取得今天的成绩的。小鸣接着说："我和邵征呢，去年票房有两个亿，我们想做到三十个亿，这样我们要建更多的电影院，要融资。今年一个亿不够，我需要三个亿。我要想清楚，有个很好的计划，我的预算要在什么地方去开源节流，怎么样去省，怎么样去多挣。……"听得我直发晕，我听数学晕，我从小就是个数学很差的人，听上百万更晕，看来什么人干什么活儿。不是有这么一句话嘛，有多大能耐享多大福。我这辈子就是演戏的命，要不，我和小鸣说说，去卢米埃电影城卖爆米花？哈哈。"走啦，请你们吃私家饭馆。"邵征甜甜的声音打断我飘浮的思绪，我站起来，一手挽住邵征，一手挽住女儿，小鸣和先生跟在我们身后，一伙人十分悠闲，在布满五彩斑斓的霓虹灯的大街上，大家开心地说笑着向等待着我们的美味走去。

结　语

　　这几年，胡其鸣给我的感觉是永远在全世界马不停蹄地飞，飞的同时却从来不谈工作，总是在博客里晒世界各地的美食和他酷爱的黑胶唱片。其实看看岁月如何把一个清秀的少年变成一个过早谢顶的成功人士，你就知道用知识创造财富的人压力何等之大。他有揭不开锅吃方便面的时候，也有面对金融风暴、面对合伙人纷纷撤资、夫妻两手紧扣咬牙挺过来的时候，更有为如何能多建一块银幕、为影院里台阶与台阶之间的高度、为座椅与人体最舒适的角度夜不能眠的时候。然而，这一切都挡不住胡其鸣这个天生不安分、天生有干劲、天生要把事情尽力做到最好的人。

絮 语

方子春　宋苗

每部影视作品的创作中，都有许多工作人员默默无闻地奉献着聪明才智，挥洒着汗水。他们各司其职，任劳任怨。一张张在剧组拍摄的纪实照片，表明影视艺术的创作要靠集体的力量，每一个行当都缺一不可。

我想用这些照片、这些照片里的故事，向那些幕后英雄致敬！

观赏影视剧时,观众只能看到演员。当放映结束时,有谁会关心片尾长长的职员表?当演员林永健、方子春、范明休息时,现场各部门人员正在按部就班地工作,为下场戏做着精心的准备。(任军强摄影)

上图：摄影部门是剧组中最辛苦的职业之一。演员在拍摄中有候场休息的时间，服装、化妆、道具、照明、场工部门人员，在拍摄时可以休息一会儿，只有摄影部门的工作人员，一进现场就要马不停蹄地工作。拍摄一停，马上进入下个镜头的布位和对光。

好的画面出自优秀的摄影师之手，也离不开摄影助手的辛勤劳动，他们同样的专业。只有保证导轨车稳稳地匀速运动才能保证拍摄画面的稳定性，这可不是短期练就的功夫呀。

下图：电影《母语》拍摄场景。摄影师敖志君用一帧帧流动的画面，把导演的思想展示给观众。

上图：灯光组在器材车中吃饭箱车里装满了灯光器材。遇到外景夜戏的时候，灯光组全体员工需要将这些沉重的器材布在漫山遍野之中。

下图：电视剧《婚前协议》的化妆间。那边是赶场的演员在化妆，这面是回组的演员吃着早已误了的中午饭。

上图：剧组的化妆部门由化妆师和几位助理组成。早晚两头不见太阳，是化妆部门的常规工作时间。清早，化妆师依次为各位演员化妆，晚上还要准备次日的行头。
图中是化妆师在钩织新的头套。

下图：拍摄影视剧前，统筹会将所涉及的场景统计出来，由美术部门选择合适的地点备选，待导演认可后，进行布置。当突发事件出现时，他们总是首当其冲，出现在导演面前，拿出合理的解决方案，呈现在观众面前的永远是美好的场景。

电视剧《买房夫妻》工作照（方子春饰演徐春阳，王千源饰演兰贵成）。现场化妆人员正在为演员做"冻伤"的效果，演员则在一边对词。春节将至，冬天的早上七点钟，北风似小刀刮脸。千源青涕直流，只好用香巾纸做成卷插入鼻孔。我说他"装相"，哈哈。

上图：每逢现场群众演员多时，服装组会拉来整车的服装，在现场分发，装扮演员。

下图：服装助理在记录现场的用装。
拍摄往往是按场景进行的，这就需要各部门详记每场的现场资料：演员穿的什么服装，戴的什么头饰，用的什么道具。以前全凭手记，现在有了手机、相机，导演一声"停"，各部门人员齐上阵，记下自己所负责的资料信息。

当拍摄现场采用同期声录音时,录音师最怕环境噪音大。要是没选好拍摄场地,碰上周围有装修的工地,拍摄进度会大受影响。这是电视剧《买房夫妻》现场,录音师最怕的飞机又来了。人们只好停下来,抬着头看这恼人的飞机经过再继续工作。

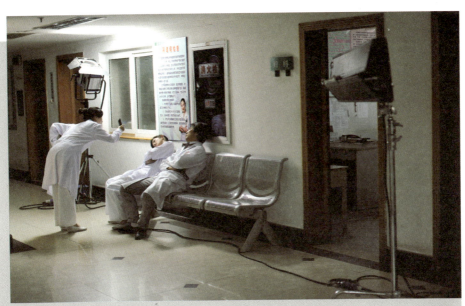

上图：所有剧目，离不开群众演员。他们在现场，有时连坐的地方都没有，等上几小时甚至一天，拍上一个镜头则是常事。
图中是正在用手机拍同伴的群众演员。

下图：场务刘刚工作起来总是一路小跑，汗水湿透了衣服，流下脸颊。

为了让拍摄的画面更好看，摄影师经常运用移动镜头。这就需要场务兄弟们抓紧时间搭拆摇臂。

上图:2011年隆冬,为拍雪景将外景地设在黑龙江省巴彦县。没想到当地就没正经下过一场大雪,为赶进度美术部门用人工方法造雪,生生将入镜的地方铺满"白雪"。

下图:往往开机前二三十天,置景部门的工匠们就进入了现场,滑志强就是其中的一员。

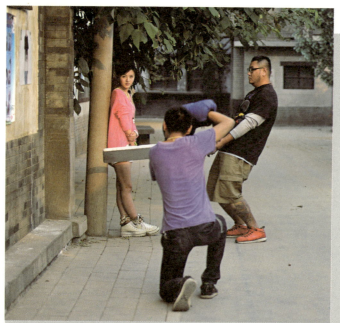

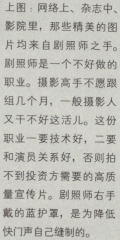

上图：网络上、杂志中、影院里，那些精美的图片均来自剧照师之手。剧照师是一个不好做的职业。摄影高手不愿跟组几个月，一般摄影人又干不好这活儿。这份职业一要技术好，二要和演员关系好，否则拍不到投资方需要的高质量宣传片。剧照师右手戴的蓝护罩，是为降低快门声自己缝制的。

下图：影视剧的拍摄现场节奏较快。演员在隔壁屋中拍戏，演员助理王勃正在认真地划写下场戏的台词。

上图：司机蒋进春为现场人员打饭。负责送饭的司机往往和炊事员一起为大家分饭。剧组大小车辆二三十部，司机师傅们不辞辛苦，安全驾驶，保证了拍摄的圆满完成。

下图：炊事员邢德成。
剧组食宿的好坏直接影响人们的身心健康，所以现在都是自己起火做饭，既能节约开支也能保证卫生。让大家吃饱吃好是炊事员的心愿。

上图:车戏有时是这样拍摄的。

下图:电视剧《吃亏是福》夜戏拍摄现场,摄影、灯光、录音齐上阵,镜头内三人在静谧的暮色中,而镜外全是人。

上图：天降大雨后，没有下水道的院子积满了水。这里没有公厕，上卫生间要跑很远，再困难拍摄也要继续，演员只能用这种交通工具进出现场。如果遇到雨季，统筹都会准备室内和外景两组计划，保证完成拍摄进度。

下图：剧组是个大家庭。人们工作、生活两三个月在一起。除了拍戏我们也有许多镜头以外的事情。这不，利用拍摄间隙，电视剧《婚前协议》演职员在现场为远道而来的香港导演朱锐彬庆生。(拍摄于2012年)

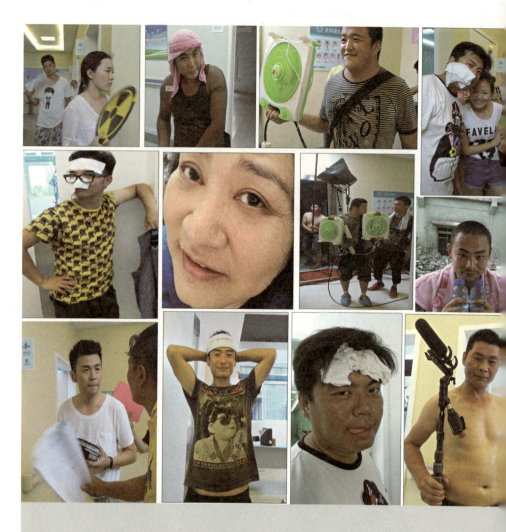

电视剧《我的媳妇是女王》拍摄现场众的生相,2014 年 7 月。

拍戏是个苦差事，但就有这么些人，痛并快乐着。这就是热爱，喜欢干就无怨无悔。由俞钟任总导演的电视剧《我的媳妇是女王》夏天在宁波开机，我们从黄梅天一路挺进艳阳高照。人在外景晒成包公脸，进到内景汗珠滴不完。有几天在摄影棚里，人多不透气，没空调的棚内温度高达40℃以上，那叫一个闷热。有中暑送医院的，有呕吐的。大家的衣服全像刚从水里拎出来的一样。但不管是摄影掌机、灯光助理、场工还是演员，大家为了一个目标，奋战在高温中。演员的服装为什么不湿呢？因为我们在服装里边穿了背心塌汗，再热不能有损形象。

　　本来剧组有严格规定，不许光膀子，但这时，有人实在顾不得了。比如我们的录音助理，他举着长长的录音杆，衣服被汗湿得能拧出水。他只好把衣服脱下，放在景片上吹干。我们这个组还有一些少数民族兄弟，第二张照片中那位黑油油的小伙就是个壮族青年。

　　再看看我们的女主角、漂亮可爱的霍思燕，一边候场，一边顺手拿起飞锚盘用力地扇动，虽是热风也比没有强。男主角雷佳音是个好青年。他一边走戏，一边自备小电扇，对着自己吹。再看我那一脸汗，粒粒汗珠从毛孔中渗出。热，真热！

　　可人们精气神不减，大家用各种能想到的方法使自己显得凉快些。为了不让汗水流下来，甚至满脸贴香巾纸吸汗，这样干活时就不用老擦汗了。

结 语

　　光阴似箭，几十年一晃而过。一个戏接一个戏，一年又一年，我从青年演到老年，从恋爱中的姑娘、媳妇演到妈妈、奶奶。在我的艺术道路上，遇到过许许多多的人，发生过许许多多的事情。我多么想让大家了解他们，了解镜头之外的同行们。

后 记

历经两年，书终于完成了。在这期间，我只接了五部戏份不多的电视剧，其他时间不是在写，就是在想，不停地构思，反复地修改。比起上本书《谁在舞台中央》，这本书的写作过程长了许多，也累了许多。然而，还有很多想写的、应该写的人与事都没有提及，很多该写的行当也没来得及描述，比如服装、道具，比如跟组的司机朋友、场工兄弟们，他们可能没有台前的人那么光彩夺目，但却以自己的坚守温暖着人心。

特别想说说剧组里的化妆间，那里冬天最暖，夏天最凉，是个让每一位演员感到温馨的地方。走进化妆间，坐在镜前，就表明一天的工作开始了。一番上妆之后，演员已完成塑造人物的一半了，再穿上服装，此时的演员已离开本我，全身心地进入情境之中。待一天的拍摄工作完毕，脱去服装，走进化妆间卸妆，褪去人物形象，又还原到本我。我有许多化妆师朋友，郝霞、丛嫚嫚、李芸等等。他们不光有很好的化妆技巧，还能暖人心。常年在外工作，这份友情更加显得不可缺少。虽然在书中来不及写他们每个人，但这份温暖与感动永远在我心里。

我从艺四十年,许许多多的人和事伴我走过许多日日夜夜。提起每个有缘人,都能说出好多精彩的故事。比如我佩服的林永健、何赛飞、洪剑涛,我喜欢的黄娟、雷佳音、霍思燕,还有在我人生路上帮助过我的叶槐青叔叔,罗唐音、李跃先夫妇和吴家璆老师,以及那许许多多给我无私帮助、喜爱我也让我喜爱的人。如果信笔由缰,可写的人和事就是再写几本书也写不完的。我这人随性,这次写书也一样,想起谁写谁,遇到谁写谁,绝没有亲疏之别。书中写到的都是先后与我合作过的人,没交往过的、不了解的或不信任我能写好文章的人,我还真不敢随便动笔。其实我的目的只有一个——写写我喜欢的人,还一个本真。

在我这本书中没有八卦,没有虚假,甚至没有过多文字的修饰。我只想通过点点滴滴,让人们知道,在这个浮躁的时代,还有一群人是这样走过,是这样生活。罗锦麟老师在我写不下去时曾这样鼓励我:"子春,你在干一件伟大的事情,再过七八年对新入行的孩子来说,你这两本书就是必读物。"其实,伟大我不敢当,但能放下戏不去拍,看着钱不去挣,一心为他人做衣裳,写写圈里的众生相,目前似乎只有我一人。我为什么?只为传、帮、带。我想告诉人们,什么是认真演戏,什么是清白做人。我怕不写不说越来越没人知道了。所以这本书和我的上一本《谁在舞台中央》更多的是写给圈内人看的。常说,人无完人。也许人们看后会问,为什么都写得这么好,就没有什么不好吗?不好当然有,矛盾、缺点也存在,可我就是想告诉人们世间还有真善美。在人称"泥潭"的演艺圈还有真情在,善良依然有,美德永被称颂。

感谢三联书店给了我这次机会。感谢我的责任编辑张荷、王振峰两位女士。感谢她们容忍我的固执;感谢我的忘年交邵华泽先生为我题写书名；还要感谢沈家驹先生放下身段积极热情地从大洋彼岸飞来为此书的设计出谋划策。

最后我要对罗锦麟先生深深鞠一躬："老师，谢谢您！"谢谢您一路给我的鼓励，谢谢您百忙中为我写序，谢谢您的指点与鞭策。

希望喜欢艺术的朋友们从《谁在舞台中央》和《说角儿》这两本书中能感受到生活的真谛，感受到其中蕴藏的人生百味。

又及：本人因"文革"所致，只读到小学六年级，文化水平只是建国之初扫盲水平。如果没有发小张桐先生的启发和鼓励，以我这种文化水平断然难以成章。所以，不管我写到的人还是我没写到的人，对我的文字有何不满，请多多原谅。在此，我先说一句：对不住，我错了，咱下次改，行不？

方子春